STEAM LOCOMOTIVE

世界鐵道大探索 1

WORLDWIDE

世界 的
蒸汽火車

200 年火車分類學

300 輛蒸汽機車全圖鑑

著 蘇昭旭

蒸汽火車的分類學，
打開您的火車世界觀

蒸汽機車（steam locomotive）究竟是什麼？

從 1804 年蒸汽機車誕生，1825 年英國史蒂芬生首次以蒸汽機車牽引客車廂，至今經歷了兩百多年的歷史，如今依然健在，成為世界各地觀光鐵道不可或缺的主角。蒸汽機車成了歷史的一部分，也創造了一個新的英文詞語：Loco（地方）motive（移動）成了 Locomotive（機車頭）；Locomotive 這個單字因此誕生。究竟蒸汽機車是什麼？是人類鐵道運輸的重大發明，如同工業革命的誕生，改變了人類的歷史，影響兩百多年來工業史的發展。

蒸汽機車種類繁多，以我之見，猶如生物；蒸汽機車更經過長久的演化，有數千數百種，無法一語道盡，如果沒有透過分類學，很難窺其全貌。其實，國際上已經有世界標準組織，如華式分類（Whyte notation）UIC 與國際鐵路聯盟（International Union of Railways），有一套實用的車軸配置分類學。雖然可供參考，但對於想要從頭了解蒸氣火車的讀者來說，仍有一段距離。

此外，蒸汽機車學有一些基本的分類概念：「水箱式與煤水車式」、「飽和式與過熱式」、「兩缸型與多缸型」、「內框型與外框型」、「鐵路軌距分類法」，以及「登山鐵路專用的關節式蒸汽機車」、「齒輪式蒸汽機車」、「齒軌式蒸汽機車」，與「特殊改造的蒸汽機車」等，都是認識蒸汽火車簡易、基本的分類方式，如果要建立一個蒸汽機車分類系統，我認為這些都必須收錄進來。

那麼，為什麼要建立蒸汽機車分類系統呢？

認識我的人都知道，我長久都在呼籲與傳達「台灣文化資產鐵道」的保存與活化。保存蒸汽機車是全球官方及民間鐵道的趨勢，是活化鐵道文化資產的必經之路。從鄰近的日本，到歐洲、美洲各國，動態保存蒸汽機車發展觀光，都做得有聲有色。我們台灣比世界各國晚了十幾年，直至現在，保存蒸汽火車的願景，仍走得跌跌撞撞，究竟，台灣的問題出在哪裡？

首先，最大的問題是，我們缺乏蒸汽機車的資料庫，沒有認識蒸汽機車的工具書。在缺乏正確認識蒸汽機車的環境下，我們一直把蒸汽機車當成老舊

的交通工具，而不知它的寶貴之處。其次，如果認同蒸汽機車的價值，卻不知如何保存和運用這些文化資產，那結果也是一樣。因此去了解國際上的案例並分析，我們可能會知道真正的答案。

然而世界何其大，台灣存在的種類何其少，憑著對火車一生的熱愛，我宛如一個蒸汽機車的「生物學家」，用盡一生的力量去採集樣本。我發現，這些蒸汽機車「生物」可「以足分目」（火車的輪軸組態可以看出它的動力、適合運行的環境、軌距的大小等等）；可「以形分類」（可以從外型看出有些火車系出同門，有些火車只存在某些地區等的血緣關係），更能從這些蒸汽機車的發明、製造、改良等認識到各國在科技與國土發展上的故事，真的是非常有趣。

如果沒有人生二十多年歲月的累積，歷經五十多國的考察與統計，收集全世界蒸汽機車相片，是沒有辦法做一個這麼大的題目、去寫蒸汽火車分類學這樣一本書。這二十多年來，我建立了一套鐵道資料庫，建立一套鐵道知識「分類學」，如同製作一套字典與百科全書，我把它稱為「鐵道智庫全書」，

放在交通科學技術博物館的「線上資料庫」平台供大眾瀏覽。我經常受到各界邀請去演講，我也毫無保留的將我的經驗及研究跟大家分享。早年我的著作多數有關台灣鐵道與其他熱門的觀光鐵道圖書為主，如今仍期望台灣文化資產鐵道能朝向國際化的路前進，故以自己在世界各國鐵道的研究與統計，以案例分析的方式，提供國人一個認識台灣鐵道的新視野，因此規劃了《世界鐵道大探索》系列共四本圖書。

感謝各界鐵道職人及鐵道迷多年的支持，以及木馬文化給予本次機會，這二十多年的努力研究成果付梓，只期望造福人群，給您前所未有的大視野，打開您的火車世界觀。

蘇昭旭

每個人都有一個火車故事，
但火車的世界中，卻只有一個蘇昭旭

歷經一年多的時間，將蘇昭旭老師畢生的鐵道智慧編輯完成即將付梓之際，作為編輯出版的一方，滿足與喜悅的感受著實滿溢。作為編輯，在這段期間和蘇老師的書稿以及一張張的照片相處，這些不僅僅是蘇老師多年智慧的集結，而在過程中蘇老師嚴謹的分類、比對，整個團隊能夠和這樣一位知識豐厚又謙沖內斂，專注行事的專家一起工作，是作為編輯者十分滿足的經驗。

滿滿的喜悅，因著這個系列的出版，我們知道喜愛鐵道、想要更認識鐵道的大小朋友有福了。

・每個人都有火車記憶・

在這個鐵道探索系列的編寫過程中，我們聽了許多和火車、鐵道相關的知識和故事，蘇老師著作等身，毫不吝惜的分享他的鐵道知識，但背後的故事其實每一個都讓人津津樂道，仔細想想，我們每個人都有屬於自己的鐵道故事。我也想到一個，並且發現其中令人無法忽略的緣分。

時序即將邁入 2010 年，有一段時間我在日本大阪堺市頻繁地坐著阪堺電車，有一天一位日本鐵道迷用中文和我聊了起來，原來他曾經來台灣學中文，聽到我們的台灣腔很是親切，這位先生從隨身帶著的厚厚一疊在日本各處拍攝的火車照片中，挑了兩張送給我身旁，當時年幼並熱切看著火車的孩子。這個邂逅是我難忘的記憶。

十年後，2020 年初，我在台北象山農場聽蘇昭旭老師演講。從事編輯工作多年，對蘇昭旭老師的鐵道專業仰慕已久，懷著孺慕之情趕赴這場演說，蘇老師娓娓道來每一張照片背後的故事，這些故事發生在英國、德國、瑞士、羅馬尼亞、台灣、日本……每張照片都有按下快門的理由，也有追逐火車的專注和驚險，有在火車上、在月台上一個又一個相識不相識的出乎意料，而聆聽演講的大孩子、小孩子，一個又一個熱切關注的雙眼，也都得到蘇老師細心又耐心的回應。演講後我詢問蘇老師，有沒有榮幸，讓木馬文化能和老師一起，把來自台灣走進世界鐵道的珍貴踏查，留下珍貴的紀錄。

這場演講之後，整個世界都因為疫情而變得不太一樣，我們不一定能輕易

又輕鬆的在國內國外搭火車，然而幸運的是，我們開始埋頭工作、為重要的鐵道知識做傳承的準備。

・蘇昭旭的火車知識・

於是就在疫情起伏的時刻，歷經兩年，蘇老師追逐火車的智慧在木馬文化成書。「大家都喜歡聽故事，我們把這些故事告訴大家。」編輯部曾經這樣提議。「但是火車的世界裡，最重要的是知識，也是我的職志。」作為曾經榮獲金鼎獎的作家，鐵道文化資產的倡議者，蘇昭旭老師在這系列書中為我們演繹鐵道工作者身為職人的堅持，而這個職志從孩童開始到頭髮漸白從未改變，不僅如此，書中一張張的機械構造、車輛速寫、地圖等手稿都來自蘇昭旭老師親手所繪，我們很清楚的知道，這本書的出版，是蘇昭旭老師日夜努力不懈的成果。

這本書的編輯過程，我們看到蘇昭旭老師將畢生累積的知識無私的貢獻；我們也見證了蘇昭旭老師是第一流的鐵道編目專家，每一段文字每一張照片都經過老師仔細調整與確認，在這個橫跨機械、歷史與人文的鐵道領域，不僅僅讓我們認識鐵道知識，也是從台灣出發認識世界的作品。

今年是台灣鐵道觀光年，火車的魅力不分國界，火車的故事也不曾停歇，這個系列書的出版，是陪伴和邀請大家，進入鐵道的世界，書中有蘇昭旭老師豐厚的鐵道知識、也是可以按圖索驥的知識寶典，木馬文化非常榮幸能參與此書的出版，就從我們打開這本書的扉頁開始，讓我們一步一步豐厚屬於自己的鐵道故事。

—— 木馬文化　陳怡璇

目　　次

- 作者序——蒸汽火車的分類學，打開您的火車世界觀 　…………………………　2
- 出版序——每個人都有一個火車故事，但火車的世界中，卻只有一個蘇昭旭　4

第 ① 章

認識蒸汽機車的精采世界　10
INTRODUCTION

- 蒸汽火車的基本分類學……………………………　12
- 蒸汽機車的構造與汽門結構………………………　16
- 水箱式與煤水車式蒸汽機車………………………　23
- 飽和式與過熱式的蒸汽機車………………………　26
- 兩缸型與多缸型蒸汽機車…………………………　27
- 外框型式的蒸汽機車………………………………　32
- 各種登山用途的蒸汽機車…………………………　36
- 蒸汽機車的車軸配置分類法………………………　38

多缸型與複式汽缸蒸汽機車對照表………………………　31
水箱式及變形蒸汽機車的加註表…………………………　40
UIC 國際鐵路聯盟分類與華式分類示意表………………　41

第 ② 章

軌距與蒸汽機車　44
RAILWAY GAUGE OFSTEAM LOCOMOTIVE

- 寬軌、標準軌、窄軌距蒸汽機車的差異………　46
- 1676mm 軌距的寬軌鐵道蒸汽火車 …………　50
- 1668mm 軌距的寬軌鐵道蒸汽火車 …………　51
- 1600mm 軌距的寬軌鐵道蒸汽火車 …………　52
- 1520～1524mm 軌距的寬軌鐵道蒸汽火車 …　53
- 1435mm 軌距的標準軌鐵道蒸汽火車 ………　56
- 1067mm 軌距的窄軌鐵道蒸汽火車 …………　58
- 1000mm 軌距的窄軌鐵道蒸汽火車 …………　60
- 914mm 軌距的窄軌鐵道蒸汽火車 ……………　62
- 800mm 軌距的輕便鐵道蒸汽火車 ……………　66
- 762mm 軌距的輕便鐵道蒸汽火車 ……………　67
- 760mm 軌距的輕便鐵道蒸汽火車 ……………　70
- 750mm 軌距的輕便鐵道蒸汽火車 ……………　71
- 686mm 軌距的輕便鐵道蒸汽火車 ……………　72
- 610mm 軌距的輕便鐵道蒸汽火車 ……………　73
- 603mm 軌距的輕便鐵道蒸汽火車 ……………　74
- 600mm 軌距的輕便鐵道蒸汽火車 ……………　75
- 597mm 軌距的輕便鐵道蒸汽火車 ……………　76
- 500mm 軌距以下的輕便鐵道蒸汽火車 ………　77

世界主要鐵路的軌距表………………………………………　49
台灣鐵道體系的軌距八大種類……………………………………　69
500mm 軌距以下的輕便鐵道蒸汽火車列表 ……………………　77

第 ③ 章

一般用途的蒸汽機車　78
GENERAL STEAM LOCOMOTIVE TYPE

- 單動軸蒸汽機車——初始的型式 …………… 80
- Rocket 0–2–2 (A1) ………………………… 80
- Patentee 2–2–2 (1A1) and Aerolite 2–2–4 (1A2') 81
- Jervis 4–2–0 (2'A) and Single Driver 4–2–2 (2'A1) 82

- 雙動軸蒸汽機車——實用的開始 ………… 83
- Four–Wheel–Switcher 0–4–0 (B) ………… 83
- Olomana 0–4–2 (B1') ……………………… 84
- Forney 0–4–4 (B2') ……………………… 86
- Hanscom 2–4–0 (1'B) …………………… 87
- Columbia 2–4–2 (1'B1') …………………… 88
- American 4–4–0 (2'B) and Atlantic 4–4–2 (2'B1') 90
- Jubilee 4–4–4 (2'B2') …………………… 94

- 三動軸蒸汽機車——黃金的年代 ………… 95
- Six–Wheel–Switcher 0–6–0 (C) ………… 95
- Forney 0–6–2 （C1'） ……………………… 96
- Mogul 2–6–0 （1'C） ……………………… 97
- Prairie 2–6–2 （1'C1'） …………………… 99
- Adriatic 2–6–4 （1'C2'） ………………… 100
- Ten–Wheeler 4–6–0 （2'C） ……………… 102
- Pacific 4–6–2 （2'C1'） ………………… 103
- Baltic 4–6–4 （2'C2'） …………………… 107

- 四動軸蒸汽機車——貨運的王者 ………… 109
- Eight–Wheel–Switcher 0–8–0 （D） ……… 109
- River Irt 0–8–2 （D1'） ………………… 111
- Consolidation 2–8–0 （1'D） …………… 112
- Mikado 2–8–2 （1'D1'） ………………… 116
- Berkshire 2–8–4 （1'D2'） ……………… 117
- Twelve–Wheeler 4–8–0 （2'D） ………… 118
- Mountain 4–8–2 （2'D1'） ……………… 120
- Northern Confederation 4–8–4 （2'D2'） …… 121

- 五動軸蒸汽機車——登山的主力 ………… 123
- Ten–Wheel–Switcher 0–10–0 （E） ……… 123
- Decapod 2–10–0 （1'E） ………………… 125
- Santa Fe 2–10–2 （1'E1'） ……………… 127
- Texas 2–10–4 （1'E2'） ………………… 129

- 六動軸蒸汽機車——動軸的極限 ………… 130
- Javanic 2–12–2 （1'F1'） ……………… 130

第 ④ 章

關節式的蒸汽機車　132
ARTICULATED STEAM LOCOMOTIVE TYPE

- 四種關節類型的差異 ················· 134
- Mallet 0–4–4–0 B' B Bavarian BB II ······· 137
- Mallet 0–6–6–0 C' C Erie ············ 138
- Mallet 2–6–6–2（1' C）C1' Mallet Mogul ······· 139
- Mallet 2–6–6–6（1' C）C3' Allegheny ······· 143
- Mallet 4–6–6–4（2' C）C2' Challenger ·········· 144
- Mallet 0–8–8–0 D' D Angus ········· 146
- Mallet 2–8–8–2（1' D）D1' Mallet consolidation　147
- Mallet 4–8–8–2（2' D）D1'
  Southern Pacific cab forward ············ 148
- Mallet 4–8–8–4（2' D）D2' Big Boy ········· 150
- Meyer 0–4–4–0 B' +B' ············ 154
- Fairlie 0–4–4–0 B' +B' ············ 156
- Garratt 0–4–0+0–4–0 B' +B' TGR K class ······· 158
- Garratt 2–6–0+0–6–2 1' C+C1' Double Mogul ··· 159
- Garratt 2–6–2+2–6–2 1' C1' +1' C1'
  Double Prairie ············ 160
- Garratt 2–8–2+2–8–2 1' D1' +1' D1'
  Double Mikado ············ 161
- Garratt 4–8–0+0–8–4 2' D+D2' Double Mastodon　162
- Garratt 4–8–2+2–8–4 2' D1' +1' D2'
  Double Mountain············ 164

關節式的蒸汽機車 ············ 136

第 ⑤ 章

齒輪式的蒸汽機車　166
GEARED STEAM LOCOMOTIVE TYPE

- 三種齒輪類型的差異 ············ 168
- Shay class A ············ 171
- Shay class B ············ 173
- Shay class C and class D ············ 175
- Climax ············ 178
- Heisler ············ 180

阿里山 shay 蒸汽機車之比較表　174
全球 shay 蒸汽機車的統計表　176

第 ⑥ 章

齒軌式的蒸汽機車　182
RACK RAIL STEAM LOCOMOTIVE TYPE

- 四種齒軌類型的差異 ············ 184
- 三種傳動類型的差異 ············ 186
- Rack rail 二動軸 同軸傳動 0–4–2 ············ 188
- Rack rail 二動軸 第三軸傳動 0–4–0 ············ 189
- Rack rail 二動軸 獨立傳動 0–4–2 ············ 190
- Rack rail 三動軸 同軸傳動 2–6–0 ············ 191
- Rack rail 三動軸 獨立傳動 0–6–0 ············ 192
- Rack rail 四動軸 獨立傳動 0–8–2 ············ 194
- Rack rail 五動軸 獨立傳動 0–10–0 ············ 195

第 ⑦ 章

改造型態的蒸汽機車
MODIFIED STEAM LOCOMOTIVE TYPE

196

- 蒸汽的都市軌道交通車輛 …………… 198
- 無火的蒸汽火車 …………………… 201
- 改造燃油鍋爐的蒸汽火車 …………… 202
- 改造壓縮空氣驅動的蒸汽火車 ……… 204
- 單軌的蒸汽火車 …………………… 206

第 ⑧ 章

世界知名的蒸汽機車
FAMOUS STEAM LOCOMOTIVE

208

- 日本的蒸汽火車 …………………… 210
- 台灣的蒸汽火車 …………………… 213
- 中國的蒸汽火車 …………………… 216
- 德國的蒸汽火車 …………………… 219
- 戰爭型蒸汽火車 …………………… 224
- 英國的蒸汽火車 …………………… 228
- 湯瑪士蒸汽火車 …………………… 231
- 其他各國的蒸汽火車 ……………… 234
- 電影中的蒸汽火車 ………………… 236

日本與台鐵蒸汽機車對照表 ………… 212
世界經典的戰爭型蒸汽機車 ………… 227
湯瑪士和他的朋友蒸汽火車車輪組態一覽表 … 232
其他各國的蒸汽火車觀光鐵道列表 … 235
與蒸汽火車相關的經典電影列表 …… 237

> • 加註說明 •
> **本書圖片無註明者，攝影者皆為蘇昭旭。**
> **圖說後標註★，表示為火車模型，收藏於作者創立**
> **之交通科學技術博物館。**

第 1 章

認 識
INTRODUCTION
蒸 汽 機 車 的
精 采 世 界

蒸汽機車的誕生,至今經歷了兩百多年的歷
史,如今依然健在,成為世界各地觀光鐵道
不可或缺的主角。

蒸汽火車的基本分類學

　　蒸汽機車（steam locomotive）是什麼？是人類鐵道運輸的重大發明，如同工業革命的誕生，改變了人類的歷史，影響兩百多年來工業史的發展。

・蒸汽機車與鐵道運輸的關係・

　　人類的鐵道運輸歷史十分悠久，早在十六世紀以前，歐洲的礦區已經出現，用馬來拉動裝有輪緣（flange）的車輛，在木製的軌道上行駛，利用軌道來減低移動的阻力，可說是創造軌道運輸文明的原動力。後來發現利用鐵製的軌道與鋼輪，更可以減低阻力，人類鐵道運輸的文明便發達迄今。

　　歐陸的礦山鐵路於十七世紀初傳至英國，工業革

❶ Loco（地方）motive（移動）成了 Locomotive（機車），蒸汽機車的誕生改變了全世界。

命初期，1760 年英國亞伯拉罕達比公司（Abraham Darby）於柯爾布魯克得爾鑄鐵廠（Coalbrookdale）以枕木平穩路基，更發明以 L 型鐵軌（L-shaped metal plates）取代木軌，使得阻力減少效率提昇。十八世紀之後，使用鐵製軌道與車輪，使得軌道與車輪間的摩擦力減少，可以運送更重的貨物。

❷ 全球最早的蒸汽機車，1804 年理查·特里維西克蒸汽機車。圖為筆者製作的模型。

❸ 矗立在英國約克鐵道博物館，世界蒸汽火車之父——喬治·史蒂芬生的銅像。

·第一部蒸汽機車的誕生·

其實，蒸汽機車的發明與礦山有深切的關係。十七世紀後半，因為金屬採礦的需要，得更進一步開發礦山，為了挖掘地底深處的坑道，需要提升抽水馬達的動力。當時為了使礦山的鐵道更加進步，原有人力與馬力推動的車輛，改以蒸汽機車承載，開始有陸上行走的蒸汽動力車。

1769 年，法國工程師尼古拉—約瑟夫·居紐（Nicolas–Joseph Cugnot）製造了世界第一部蒸汽動力三輪車，乘坐四人在道路上以時速 4 公里成功行駛，雖然尚未使用鐵軌的路線，但預告著火車的時代即將來臨。1776 年，詹姆斯·瓦特（James Watt）製造出實用的蒸汽機，蒸汽機的廣泛使用使火車性能提升，成為工業革命的原動力。十八世紀末以來，拿破崙與歐洲各國之間的戰爭一直持續，軍隊徵用馬匹，使得馬匹價格高漲，造成礦業鐵道需要新的動力，促使蒸汽火車的開發變得盛行。

1804 年 2 月 21 日，理查·特里維西克（Richard Trevithick）於英國威爾斯，成功製造了全球第一部在軌道上行駛的蒸汽機車，牽引貨車搭載旅客及行李運行，時速達 8 公里，受到了世人的關注，但是尚未進入商業營運的階段。

• 史蒂芬生父子的貢獻 •

1825 年 9 月 27 日，喬治•史蒂芬生（George Stephenson）首次以蒸汽火車牽引客車廂，搭載著六百多位乘客從達靈頓（Darlington）至斯托克頓（Stockton），最高時速 24 英里，以 3 小時跑完 25 英里路，這是世界上最早以公共運輸為目的的鐵路，締造人類最早商業營運鐵路的紀錄。雖然當時蒸汽火車以牽引貨物列車為主，旅客還是習慣搭乘馬車，後來才慢慢進化成鐵道客運。此舉等於宣告鐵道公共運輸的時代來臨，人類的軌道運輸，也正式進入火車動力的新時代。

❶ 英國約克鐵道博物館（NRM），展示 1829 年之前，蒸汽機車誕生的初期模型。

爾後 1826 年，英國核准修建從曼徹斯特（Manchester）到利物浦（Liverpool）的鐵路，主事者於是在 1829 年於利物浦附近，舉行雨丘競賽（Rainhill Trial），以決定採用何部機車來營運。史蒂芬生父子製造的火箭號（Rocket）在五位參賽者中獲勝，以最高時速 30 英里贏得五百磅獎金，並正式獲得訂單。1830 年 9 月 15 日利物浦—曼徹斯特鐵路（Liverpool and Manchester Railway），又稱 L&MR，正式通車，也是全球第一條標準軌 1435mm 軌距的鐵道，1435mm 軌距也稱為「史蒂芬生軌距」。史蒂芬生式汽門（Stephenson valve gear）確認其運轉可靠度，可以穩定控制火車的前進與後退，蒸汽機車的量產進入實用化階段。

經過這一連串的歷史事件，蒸汽機車寫進了歷史，也改變了英文，Loco（地方）motive（移動）成了 Locomotive（機車），Locomotive 這個單字因此誕生。Rail 原本是欄杆之意，Railway 象徵枕木排列成了鐵道；

❷ 1829 年火箭號 Rocket 的原車，保存在大英博物館的倫敦科學博物館。

Rolling stock（火車）成了鐵道車輛的通稱。從以上文字的含義，不難理解蒸汽機車對人類文明發展的重要性。而認識蒸汽機車，就要從蒸汽機的構造與汽門結構開始。

③ 1829 年史蒂芬生的火箭號「復刻版」，在英國約克鐵道博物館的戶外軌道區，以父子駕駛奔馳，還原蒸汽火車黎明時期的風貌。

・蒸汽機車的分類學・

　　從 1804 至 2022 年，蒸汽機車經歷了兩百多年，如今依然健在，成為世界各地觀光鐵道不可或缺的主角。這麼漫長的歲月，蒸汽機車歷經歷史事件的催化，經過長久的「演化」，有數千數百種，無法一語道盡，如果沒有透過「分類學」，很難窺其全貌。

　　基本上，蒸汽機車可從構造、軌距及用途來分類，分別為「水箱式與煤水車式分類」、「飽和式與過熱式分類」、「兩缸型與多缸型分類」、「內框型與外框型分類」、「鐵路軌距分類法」、「登山及特殊改造」這六種。此外，蒸汽機車學有一套猶如生物學的分類，目前國際上已經有世界標準組織，如華式分類（Whyte notation）與 UIC 國際鐵路聯盟（International Union of Railways），歸納出一套實用的分類學，即車軸配置分類法。

　　以下本書各個單元，就依照以上蒸汽機車分類法詳細介紹，窺探全球蒸汽機車的全貌。

蒸汽機車的構造與汽門結構

　　一般人講蒸汽火車，它的正式學名為「蒸汽機車」，以蒸汽機為動力的車輛。蒸汽機車最早發明之時，無法精確控制車輪前進或後退，必須有一套機構精確控制蒸汽推動活塞的方向，這個機構稱為汽門（Valve Gear），因此直到汽門被發明，蒸汽機車的操作才走向實用化。

　　人類工業歷史上出現的汽門結構很多，比較具有代表性的汽門結構為以下四種；史蒂芬生式，簡稱史式汽門、愛蘭式汽門（Allan）、膠式汽門（Joy）、華式汽門（Walschaerts），這四種汽門構造都曾出現在台鐵的蒸汽火車上。目前世界各國以華式汽門最為普遍。

• 史式汽門 Stephenson Valve Gear •

　　蒸汽機車為了準確控制活塞，汽門控制是由動輪的軸心，裝置偏心輪，經偏心桿（Eccentric Rod）回

❶ 史式汽門的構造。

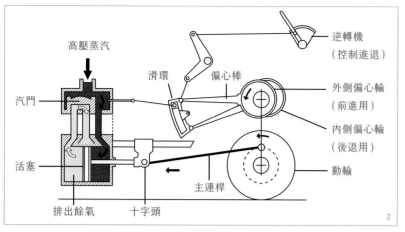

❷ 史式汽門是最古老的蒸汽火車汽門構造，從車身外觀察會覺得平凡無奇，其實它真正複雜的部分在動輪的軸心。

欲前進時，逆轉機扳向前，外側偏心輪作用，滑環向下回授至汽門，即可前進。

欲後退時，逆轉機扳住後，內側偏心輪作用，滑環向上回授至汽門，即往後退。

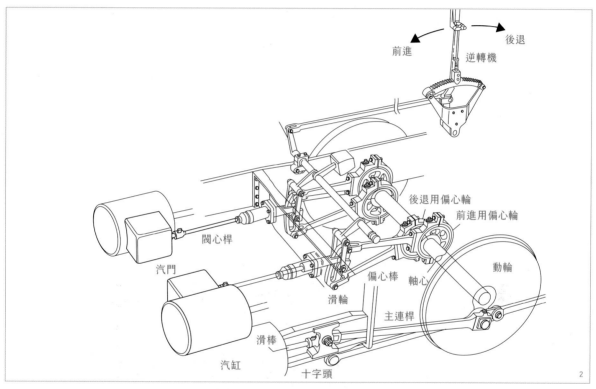

授，拉動閥心桿開關汽門，這樣的設計首見於 1829 年，英國史蒂芬生研製火箭號的構造，將這種汽門和回授機構藏在動輪內側的設計，稱為史式汽門。

這樣的火車設計在十九世紀蔚為主流，從火車外觀看不到什麼複雜的連桿，其實真正複雜的部分藏在框架裡面，台鐵現今保存的 9 號蒸汽機車，及 CK58 蒸汽機車都是屬於這類汽門構造，需要有檢修道，才能維護內部構造。

• 愛蘭式汽門 Allan straight link Valve Gear •

　　直到十九世紀末，愛蘭式汽門才把偏心輪移到框架的外側來，以便於維護，台鐵的騰雲號機車就是屬於此類構造。愛蘭式汽門基本上是由史式汽門改良而來，這是蘇格蘭的工程師亞歷山大・愛蘭（Alexander Allan），在 1855 年所發明的。史式汽門原本將兩對控制前進後退的偏心輪裝在車軸中心，而愛蘭式的偏心輪改裝至車輪外側，如此整體回授機構外露，便於維護，為其優點之一。

　　然而，在蒸汽機車發展史上，使用偏心輪回授的機構前進沒有問題，但是後退時，滑環的中心點容易滑動，無法大幅提高行駛速度，故在華式汽門發明之後，除了速度較慢的火車保留之外，愛蘭式汽門便逐步淘汰。

❶ 愛蘭式汽門目前是台鐵騰雲號機車最引人入勝的獨特構造。
❷ 愛蘭式汽門的構造。
　欲前進時，逆轉機扳向前，外側偏心輪作用，滑環向下回授至汽門，即可前進。
　欲後退時，逆轉機扳住後，內側偏心輪作用，滑環向上回授至汽門，即往後退。

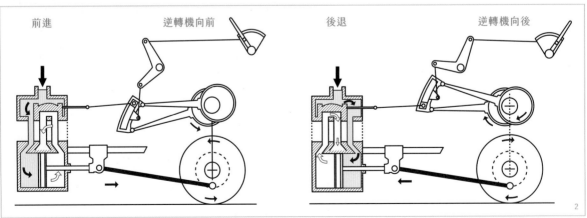

前進　　　　　　逆轉機向前　　　　　　後退　　　　　　逆轉機向後

在人類研發蒸汽火車的過程中，捨棄偏心輪的簡化設計，並非華式汽門的創舉。在十九世紀末葉，哈克渥斯汽門（Hackworth valve gear）就是用機械角度補償方式簡化的汽門，大衛·膠宜（David Joy）改良其汽門，在 1879 年取得專利。膠式汽門利用主連桿的前後運動，透過合併桿（Combination lever）把動輪的角度傳達給閥心桿，並將滑環（Expansion link）改成扇形滑，主導機車前進和後退。膠式汽門首度用於英國倫敦和西北鐵路（L&NWR）蒸汽機車，尤其是窄軌火車內部框架空間不足，捨棄內部偏心輪的設計，得到很大的突破。

膠式汽門可謂蒸汽機車發明之後一項突破，整體汽門回授機構，獲得大幅度簡化。不過，由於合併桿與扇形滑的連動過於脆

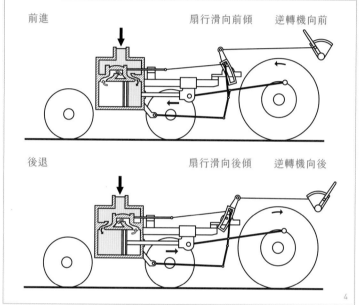

❸ 膠式汽門是台鐵 BK20 型所獨有的構造。
❹ 膠式汽門的構造。
　欲前進時，逆轉機扳向前，扇形滑向前傾，回授至汽門，即可前進。
　欲後退時，逆轉機扳住後，扇形滑向後傾，回授至汽門，即往後退。

弱，機車速度無法有效提升，成為蒸汽機車史上的稀有族群，故在二十世紀初葉，逐漸為華式汽門所取代。台鐵現今保存的 BK24，就是此一稀有膠式汽門，英國蒸汽機車的歷史文物。

· 華式汽門 Walschaerts Valve Gear ·

全世界使用最多的汽門構造，包含台鐵在內，就是華式汽門，由比利時的工程師埃吉德·華斯查特（Egide Walschaerts）所發明，1873 年在維也納的萬國博覽會正式公諸於世。華式汽門將合併桿往前移至十

字頭前方，由十字頭帶動直接傳動至汽門開關，原先偏心輪的回授機構，改成曲桿銷（Return Crank）加偏心桿，不只有效控制前進後退，還使汽門開關更為有效迅速，而且沒有後遺症，幾乎是完美的機械結構。

在二十世紀初，1918 年一次大戰結束之後，華式汽門已成為全世界蒸汽火車最主要的汽門構造。英美國家在二次大戰之前，蒸汽火車配合過熱式提高蒸汽壓力，1938 年英國的倫敦及東北鐵路（LNER）class A4 蒸汽機車，創造出時速 202 公里的極速，寫下人類蒸汽火車速度最快的歷史紀錄。

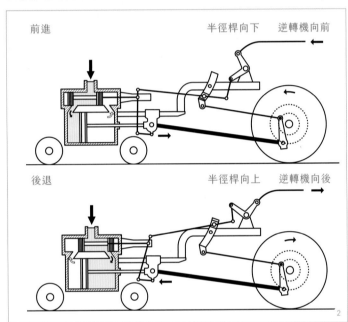

前進　　　　　半徑桿向下　　逆轉機向前

後退　　　　　半徑桿向上　　逆轉機向後

• 蒸汽機車的汽門運作 •

蒸汽火車最引人入勝的地方，在於它複雜的「連桿」（Connecting Rod）奧妙韻律的舞動，對大部分的人而言覺得有趣，但是原理深不可測。其實，蒸汽火車的傳動機構沒有想像中複雜，要將蒸汽推動的活塞運動，轉變成圓周運動，只要在適當的時間點推動連桿「往後推」或「往前拉」，車輪就會不停的前進或後退，而且沒有停頓的死點，蒸汽火車就會不停的運轉。

蒸汽火車的運作，是由蒸汽推動活塞，活塞驅動連桿帶動車輪。基本上每一次行程（Stroke），可以分成引氣（Lead）、關閉（Cut off）、全蓋（Closure）和排氣（Exhaust lap）四個階段，每轉動一圈汽缸，左右各進氣排氣做工一次，從 0 到 180 度向後推，從 180 度到 360 度向前拉。不過，由於 0 度和 180 度連桿推到

❶ 華式汽門是台鐵大多數蒸汽火車的推進構造。

❷ 華式汽門的構造。
欲前進時，逆轉機扳向前，半徑桿向下壓，回授至汽門，即可前進。
欲後退時，逆轉機扳住後，半徑桿向上拉，回授至汽門，即往後退。

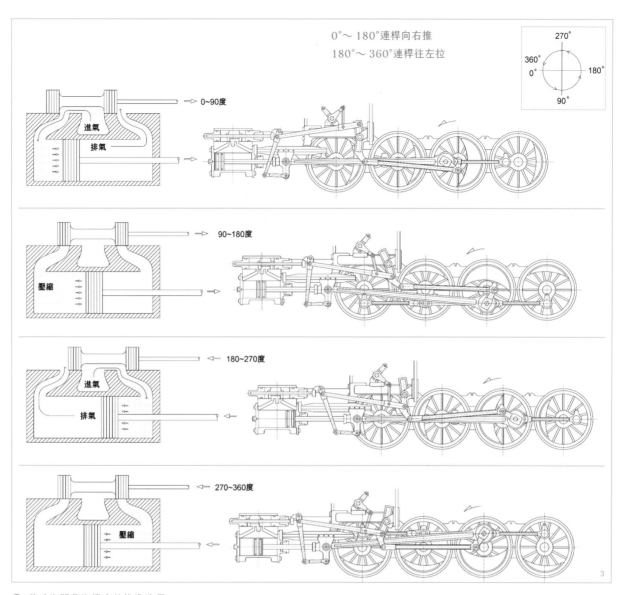

0°～180°連桿向右推
180°～360°連桿往左拉

進氣
排氣
0~90度

270°
360°
0°
180°
90°

壓縮
90~180度

進氣
排氣
180~270度

壓縮
270~360度

3

❸ 華氏汽門蒸汽機車的推進流程。

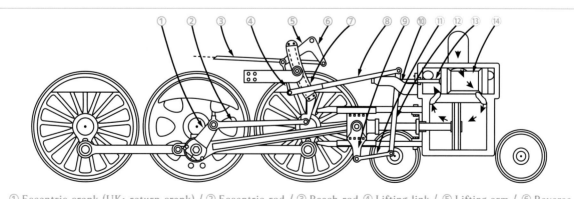

① Eccentric crank (UK: return crank) / ② Eccentric rod / ③ Reach rod ④ Lifting link / ⑤ Lifting arm / ⑥ Reverse arm / ⑦ Expansion link / ⑧ Radius bar / ⑨ Crosshead arm (UK Drop link) ⑩ Valve stem guide / ⑪ Union link / ⑫ Combination lever / ⑬ Valve stem / ⑭ Piston valve

4

❹ 華式汽門的構造圖（The key components of Walschaerts Valve Gear）。

了「死點」，也就是完全沒有推力，所以蒸汽火車左右機構相差 90 度，當左側 cos90 度和 cos270 度推到死點時，右側恰好是 sin90 度和 sin270 度力氣達到最大，如此左右不停地交替出力，火車才能不停地前進。

當蒸汽慢慢進入汽缸左側，開始引氣，隨著汽門的前進，汽門全開使蒸汽全力推動活塞。汽缸右側的餘氣迅速排出，活塞獲得推力向右推動。當活塞驅動連桿，汽門隨之後退，關閉蒸汽進氣口，亦隨後將排氣口關閉。此時汽缸完全依靠方才送入的蒸汽壓縮的膨脹力，稱為全蓋，連桿向右推到底。當連桿來到 270 度位置，後退的汽門使進氣方向改由「右側」進入汽缸，左側壓縮的蒸氣由於排氣門的開放，餘氣立即排出，活塞運動的方向將向左推動。一切的循環，又回到 0 度原點，周而復始。

原來，蒸汽火車就是這樣動起來的！

❶ 英國約克鐵道博物館展示蒸汽火車的構造解剖，還能動態運行表演。

水箱式與
煤水車式
蒸汽機車

在蒸汽機車分類學上，水箱式與煤水車式蒸汽機車是最常見與簡單的分類。所謂「水箱式」或稱「水櫃式」蒸汽機車（Tank steam locomotive），是指蒸汽機車本身附有水櫃和煤炭櫃，前後瞭望較佳，便於逆向行駛，但是由於水與燃料容量有限，無法長途行駛，適合用於調度與支線，如台鐵 CK124 即是。

相反的，「煤水車式」蒸汽機車（Tender steam locomotive），蒸汽機車後面自掛一節煤水車，煤水容量較大，可長途行駛。但由於後方的煤水車阻擋後退的視野，不便雙向行駛，適合用於長途的幹線，如台鐵的 DT668 即是。

一般而言，「水箱式」蒸汽機車多用於支線，利於短程折返逆向行駛，或是站內調車使用，尤其是終點沒有轉車台（turntable）的環境。而「煤水車式」蒸汽機車則作為幹線主力，用於長途行駛。人類蒸汽機車史，先有水箱式蒸汽機車，後來才出現煤水車式蒸汽機車。

❷ 煤水車式蒸汽機車。

❶ 水箱式蒸汽機車，擁有較佳的後退運行視野。

❷ ST 馬鞍水箱式蒸汽機車。

❸ PT 肩筐水箱式蒸汽機車。

第 ① 章　認識蒸汽機車的精采世界　　水箱式與煤水車式蒸汽機車
Introduction

❹ 水箱式蒸汽機車。水箱就揹在火車身上，後方不掛煤水車。

飽和式與過熱式的
蒸汽機車

　　二十世紀初，蒸汽火車從傳統的飽和式蒸汽機車（saturated steam locomotive），發展到過熱式蒸汽機車（superheated steam locomotive）。顧名思義，過熱式也就是水蒸汽再加壓，水蒸汽不再只是一大氣壓100度，如同廚房裡的壓力鍋，溫度上升，蒸汽機車的鍋爐壓力可以提高，火車的速度與牽引力都得到提升。

　　一般來說，飽和式的蒸汽機車，體型較小，速度較慢，蒸汽的噴發量較小，例如輕便鐵道蒸汽機車依然在使用。而過熱式的蒸汽機車，體型較大，速度較快，蒸汽的噴發量也會十分驚人。一般來說，飽和式蒸汽機車在 UIC 分類上會註明 n：（German: Nassdampf），過熱式蒸汽機車在 UIC 分類上則會註明 h：（German: Heißdampf）。

❶ 過熱式的蒸汽機車，體型較大，速度較快，蒸汽的噴發量也十分驚人。
❷ 飽和式的蒸汽機車，體型較小，速度較慢，用於輕便鐵道蒸汽機車。

兩缸型與多缸型蒸汽機車

在蒸汽機車分類學上，兩缸型與多缸型蒸汽機車，是比較複雜進階的分類。兩缸型蒸汽機車（2 cylinder steam locomotive）就是傳統的形式，左右各一個汽缸，車輪左右相差 90 度，實用簡單，世界上絕大多數都是這一類的蒸汽機車。

不過，隨著過熱式的鍋爐被發明，鍋爐送出的水蒸汽，不再只是一大氣壓 100 度，而是溫度將近攝氏 200 度、每平方公分 16 公斤的高壓蒸汽。如此用於兩缸型蒸汽機車，只推動一次活塞，水蒸汽的餘熱與餘壓都還不少，就從煙囪被排入大氣，這樣會不會太浪費了？

於是，工程師們開始想到一個熱效率更高的方法，就是複式汽缸（Compound steam engine），水蒸汽從一個汽缸輸出，送到另外一個汽缸再使用，多利用

❸ 日本的蒸汽火車 C53 型，就是三缸型蒸汽機車。

① 複式汽缸的構造。
左邊是高壓缸，右邊是低壓缸。

幾次再從煙囪排出去，如此一來熱效率提高，同時又可以節省水蒸汽。複式汽缸一開始適用於船舶，後來運用於蒸汽機車，這就是三缸型蒸汽機車（3 cylinder steam locomotive），與四缸型蒸汽機車（4 cylinder steam locomotive）的由來。例如日本的蒸汽火車 C53 型，英國的蒸汽機車 LNER Class A4，就是三缸型蒸汽機車。德國的蒸汽機車 Württemberg Class C（DRG Class 18.1），就是四缸型蒸汽機車。從此複式汽缸的火車，變成火車界的貴族，只能用高壓水蒸汽才能帶動，熱效率提高，當然也帶動了高速蒸汽機車的發展。

② 日本 C53 型，兩缸型與三缸型蒸汽機車的比較。

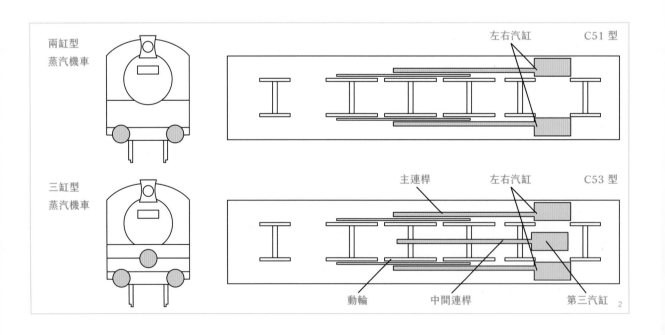

❸ 英國的蒸汽機車 LNER Class A4，就是三缸型蒸汽機車。

❹ 三缸型蒸汽機車，動輪中間的軸承，多了一個曲柄，驅動第三汽缸。

此外，為了讓三缸型蒸汽機車可以運作，框架裡面動輪中間的軸承，多了一個曲柄，驅動第三汽缸，加上動輪外側原有的曲柄，合計有三個曲柄。若是四缸型蒸汽機車，動輪中間的軸承多了兩個曲柄，加上動輪外側原有的曲柄，合計四個曲柄。這樣下來曲柄太多了，軸承與曲柄的精確度得提高，不若兩缸型蒸汽機車，車輪相差 90 度如此簡單，多缸型蒸汽機車的保養與維修，變成一個大工程。

還有，複式汽缸從注入蒸汽到排出，高壓變成低壓，高壓缸與低壓缸必須不同，低壓缸汽缸活塞的直徑得變大，蒸汽火車變得不容易維修，成了維修工人的惡夢。三缸型複式汽缸蒸汽機車，還得分配高壓缸與低壓缸 1：2 還是 2：1，配比不穩定問題叢生，四缸型複式汽缸蒸汽機車，分配高壓缸與低壓缸 2：2，一內一外，Mallet 就採取一前一後，整個配比才穩定下來。

由於維修成本居高不下，大勢所趨，所以，除了少數指標性與實驗性的蒸汽火車之外，全球還是以生產單式汽缸型蒸汽機車為主。因此，這也使得後期多缸型蒸汽機車的發展，並非複式汽缸，例如阿里山鐵路的 Shay class B，美國鐵路的 Shay class C 直立式汽缸火車，都是三缸型「單式汽缸」蒸汽機車。又如日本的蒸汽機車 C53 型，德國的 BR44 型，英國的蒸汽機車 LNER Class A4，也是三缸型「單式汽缸」蒸汽機車。這也說明了後來「多缸型」與複式汽缸蒸汽機車，兩者各自發展，分道揚鑣，如對照表所示。

複式汽缸蒸汽機車在 UIC 分類上會註明 v：com-pound（German:Verbund）。例如英國的蒸汽機車 LMS

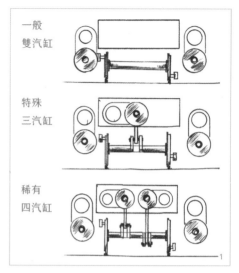

❶ 雙汽缸、三汽缸、四汽缸，蒸汽火車的正面結構比較圖。

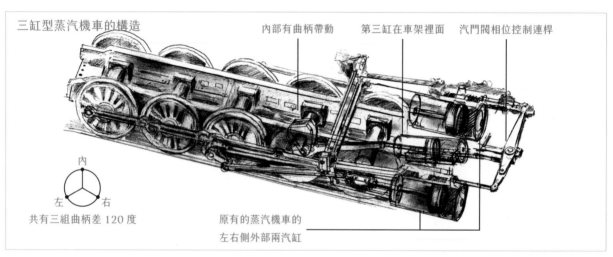

三缸型蒸汽機車的構造

內部有曲柄帶動　第三缸在車架裡面　汽門閥相位控制連桿

共有三組曲柄差 120 度

原有的蒸汽機車的左右側外部兩汽缸

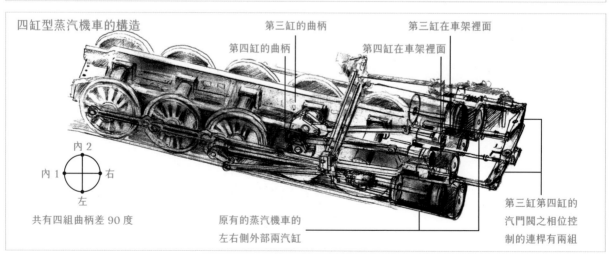

四缸型蒸汽機車的構造

第三缸的曲柄　　第三缸在車架裡面
第四缸的曲柄　　第四缸在車架裡面

共有四組曲柄差 90 度

原有的蒸汽機車的左右側外部兩汽缸

第三缸第四缸的汽門閥之相位控制的連桿有兩組

	單式汽缸（高壓）	複式汽缸（高低壓）
2 cylinder 汽缸	絕大多數蒸汽火車使用	Vauclain compound 蒸汽火車
3 vertical cylinder 直立式汽缸	阿里山鐵路 Shay class B 美國鐵路的 Shay class C	高速船舶使用
3 cylinder 汽缸	英國的 LNER Class A4 德國的 BR44 型 日本的蒸汽火車 C53 型	英國 LMS 4P Compound 4-4-0 愛爾蘭 Great Northern Railway V class
4 cylinder 汽缸	美國 Mallet 4-6-6-4 Challenger 美國 Mallet 4-8-8-4 Big Boy	德國的 S3/6，BR96 型 美國 Mallet 2-8-8-2 N&W Y6

❷ 這款德國的蒸汽機車 DRG Class 18.1，就是四缸型蒸汽機車。★
❸ 四缸型蒸汽機車的正面，可以看見中間的兩小缸，左右兩大缸。

4P Compound 4-4-0，UIC 分類就是 2'Bh3v 過熱式三缸。而德國的蒸汽機車 Württemberg Class C，UIC 分類就是 2'C1'h4v 過熱式四缸。如今都是珍貴的文化資產。

特別補充說明的是，後面章節提到的關節式的蒸汽機車 Mallet，也會用到複式汽缸，共有四缸，例如 Mallet USRA 2-8-8-2，Norfolk & Western Y6 class，學名為 Compound Mallet。不過，二十世紀中葉以後，由於人類製造鍋爐的技術成熟，高壓水蒸氣的產生不再匱乏，節省水蒸氣不再是重點，加上複式汽缸本身的問題，後期該類 Mallet 蒸汽火車不再使用複式汽缸，而是使用單式汽缸，前面的汽缸與後面的汽缸一樣大，缺點是消耗蒸汽量很大，優點是產生更大的牽引力。例如知名的 Mallet USRA 4-6-6-4 Challenger，與 Mallet USRA 4-8-8-4 Big Boy 就是最好的例子。

兩缸 VS 多缸型蒸汽機車，單式 VS 複式汽缸蒸汽機車，縱橫的組合，多元的面貌，成為人類蒸汽機車史上最複雜的研究課題。

外框型式的蒸汽機車

世界上多數的蒸汽機車，傳統都是動輪在外的內框型式（inside frame）。然而，這樣的內框型式，對窄軌的鐵路蒸汽機車是不利的。因為窄軌會限縮鍋爐火箱的容積，於是鐵路工程師就發明外框型式（outside frame），讓蒸汽機車鍋爐火箱的容積可以加大。這也就是許多歐美窄軌火車都是外框型式的原因。

此外，外框型式蒸汽機車，因為軸承在外側，便於注油保養維修，這也是它的優點。如今德

❶ 這是傳統蒸汽機車，動輪在外的內框型式。
❷ 這款蒸汽機車 BR99 5601 蒸汽火車，前面是 inside frame，後面是 outside frame，前後的動輪與框架不同，可資比較。

③

③ 這是外框型式蒸汽機車，動輪就藏在框內。

④ 外框型式蒸汽機車，因為軸承在外，便於注
油保養維修。

國保存一台很珍貴的 Mallet BR99 5901 蒸汽火車，前
面是內框型式，後面是外框型式，因為它的後面可以
裝下更大的鍋爐，是十分特別的蒸汽火車。

④

齒軌式的蒸汽機車，是登山用途
蒸汽機車的終極款。

各種登山用途的
蒸汽機車

　　當蒸汽火車面對複雜的地形，牽引列車翻山越嶺，為了增加牽引力，就是將火車的動輪數增加，以克服地形問題，這是最基本的解決方式。

　　然而火車的動輪數增加，卻會限制了過彎能力，尤其是窄軌體系，曲線半徑小影響最大。於是把蒸汽火車動輪，拆成兩組轉向架，可以左右活動適應地形，有四個汽缸分成一前一後。如此關節式的蒸汽機車，就應運而生。關節型蒸汽機車，基本上可以分成 Mallet、Meyer、Fairlie、Garratt 四種。

　　此外全球登山鐵路或森林鐵路，因為軌道不平整，而且又彎又陡，早年在蒸汽火車時代，一般火車根本無法適應，因而鐵路工程師開發出一些特殊設計的蒸汽火車。這就是齒輪式蒸汽機車的由來，在華式分類會註明 G（Geared steam locomotive），容後說明。

　　如前面所述，傳統鐵路的鋼軌為黏著式（Adhesion），但是登山鐵路為了攀越陡坡，容易產生輪軌滑動，故增加蒸汽火車的動輪數，不過如果坡度超過某種極限，就已經不是增加蒸汽火車的動輪數所能解決。於是，在軌道間鋪設鋼枕，架設齒軌，輪軸間加裝齒輪加以咬合，這就是齒軌式的蒸汽機車，讓火車可以在大

① 多動輪的蒸汽機車，是登山用途蒸汽機車的基本款。
② 關節式的蒸汽機車，是登山用途蒸汽機車的進階款。★

③ 齒輪式的蒸汽機車，是登山用途蒸汽機車的
　創意款。
④ 齒軌鐵路與火車的車軸咬合，讓火車可以在
　大坡度鐵路安全的爬山。

坡度鐵路安全的爬山，在華式分類會註明 R（Rack rail steam locomotive）。

　　因此，「多動輪」的蒸汽機車，是登山用途蒸汽機車的基本款；「關節式」的蒸汽機車，是登山用途蒸汽機車的進階款；「齒輪式」蒸汽機車，是登山用途蒸汽機車的創意款；「齒軌式」的蒸汽機車，是登山用途蒸汽機車的終極款。以上四種登山用途的蒸汽機車，本書後面會分章節詳細介紹。

蒸汽機車的
車軸配置分類法

目前國際上已經有世界標準組織，以車輪組態（wheel arrangement/wheel configuration）來判定，例如華式分類與國際鐵路聯盟分類，我們稱為「蒸汽機車的車軸配置分類法」，有一套實用的分類學。本書後面的章節，會有詳細介紹。

不過，兩者分類學仍有差異。華式分類是最基礎的分類法，導輪數為阿拉伯數字在一前一後，動輪數為阿拉伯數字在中間，火車行走兩根鐵軌，所以數字一定是偶數。例如 Mogul 2-6-0，前導輪數為 2，動輪數為 6，後導輪數為 0；Santa Fe 2-10-2，前導輪數為 2，動輪數為 10，後導輪數為 2。另外接尾辭加註

❶ Mogul 2-6-0 飽和式兩缸型蒸汽機車，UIC 分類為 1'Cn2。
❷ Santa Fe 2-10-2 過熱式兩缸型蒸汽機車，UIC 分類為 1'E1'h2。

③ 這款直立式鍋爐蒸汽機車，
華式分類為 0-4-0 VB。

④ 這款齒軌式蒸汽機車，華式
分類為 0-4-2 RT。

⑤ 這款齒軌式蒸汽機車，華式
分類為 0-4-4-0 GT。

英文為特徵屬性，容後敘述。(見 P40)

UIC 國際鐵路聯盟分類，是比較進步的分類法，會表達前者沒有的細節。UIC 分類，導輪軸數為阿拉伯數字，動輪軸數為英文數字 ABCDE，阿拉伯數字加「'」，代表為可動的轉向架，如 P41-43 表格的識別方式。除了車輪組態之外，後面還會特別標示，飽

① 這款英國 LNER 4468 過熱式 4-6-2，3 缸型複式汽缸，UIC 分類就是 2'C1'h3v。

和式 +n 或過熱式 +h，兩缸型 +2，三缸型 +3，四缸型 +4，以及加註複式汽缸蒸汽機車 +v。例如 Mogul2–6–0 飽和式兩缸型蒸汽機車，UIC 分類為 1'Cn2。Santa Fe 2–10–2 過熱式兩缸型蒸汽機車，UIC 分類為 1'E1'h2。英國知名的 LNER Class A4 過熱式 4–6–2，三缸型複式汽缸蒸汽機車，UIC 分類就是 2'C1'h3v。

　　另外華式分類有加註英文接尾辭表示特徵屬性，一般水箱式蒸汽機車以及蒸汽機車的變型，其意義如右表所示。

• 水箱式及變形蒸汽機車的加註表 •		
加註	英文與中文含義	舉例
無	Tender locomotive 煤水車式	0–6–0
T	Side tank locomotive 一般水箱式	0–6–2T
ST	Saddle tank locomotive 馬鞍水箱式	0–4–0ST
WT	Well tank locomotive 車底水箱式	0–4–0WT
PT	Pannier tank locomotive 肩筐水箱式	0–6–0PT
VB or VBT	Vertical boilered locomotive 直立式鍋爐	0–4–0VB
F	Fireless locomotive 沒有火箱的無火式	2–6–0F
CA	Compressed air locomotive 壓縮空氣式	0–6–0CA
R	Railcar 城市軌道交通的自走車輛	0–4–0R
R or RT	Rack locomotive 齒軌式蒸汽機車	0–4–0 RT
G or GT	Geared locomotive 齒輪式蒸汽機車	0–4–4–0 GT

• UIC 國際鐵路聯盟分類與華式分類示意表 •

UIC 國際鐵路聯盟	華式分類	蒸汽機車	符號
A1	0-2-2	Rocket, Northumbrian	
1A	2-2-0	Planet	
1A1	2-2-2	Patentee	
1A2	2-2-4	Aerolite	
2'A	4-2-0	Crampton, Norris, Jervis	
2'A1	4-2-2	Single Driver	
2A2	4-2-4	Huntington	
3A	6-2-0	Crampton	
B	0-4-0	Four-Wheel-Switcher	
B1	0-4-2	Olomana	
B2'	0-4-4	Forney	
1B	2-4-0	Hanscom	
1'B1'	2-4-2	Columbia	
1B2'	2-4-4	Boston	
2'B	4-4-0	American, Eight-Wheeler	
2'B1'	4-4-2	Atlantic	
2'B2'	4-4-4	Jubilee	
C	0-6-0	Six-Wheel-Switcher	
C1	0-6-2	Branchliner, Webb, taffy tank	
C2'	0-6-4	Forney six-coupled	
1'C	2-6-0	Mogul	
1'C1'	2-6-2	Prairie	
1'C2'	2-6-4	Adriatic	
2'C	4-6-0	Ten-Wheeler	
2'C1'	4-6-2	Pacific	

UIC 國際鐵路聯盟	華式分類	蒸汽機車	符號
2'C2'	4-6-4	Hudson, Baltic	
D	0-8-0	Eight-Wheel-Switcher	
D1	0-8-2	Eight-Wheel-Switcher	
1'D	2-8-0	Consolidation	
1'D1'	2-8-2	Mikado	
1'D1'	2-8-2T	MacArthur	
1'D2'	2-8-4	Berkshire	
2'D	4-8-0	Twelve-Wheeler, Mastodon	
2'D1'	4-8-2	Mountain, Mohawk (NYC)	
2'D2'	4-8-4	Northern, General Service (SP), Golden State (SP), Niagara (NYC), Wyoming	
E	0-10-0	Ten-Wheel Switcher	
E1'	0-10-2	Union	
1'E	2-10-0	Decapod	
2'E	4-10-0	Mastodon	
1'E1'	2-10-2	Santa Fe	
1'E2'	2-10-4	Texas, Selkirk (Canadian Pacific)	
2'E1'	4-10-2	Southern Pacific, Overland	
F	0-12-0	Pennsylvania, Twelve-Wheel-Switcher	
1'F	2-12-0	Centipede	
1'F1'	2-12-2	Javanic	
2'F1'	4-12-2	Union Pacific	
B'B	0-4-4-0	(Mallet)	

• UIC 國際鐵路聯盟分類與華式分類示意表 •

UIC 國際鐵路聯盟	華式分類	蒸汽機車	符號
B'B1	0-4-4-2	nameless (Mallet)	
C'C	0-6-6-0	Erie (Mallet)	
(1'C)C	2-6-6-0	nameless (Mallet)	
(1'C)C1'	2-6-6-2	Mallet Mogul (SP), Prairie Mallet (ATSF)	
(1'C)C2'	2-6-6-4	nameless (Simple articulated)	
(2'C)C2'	4-6-6-4	Challenger (Simple articulated)	
(1'C)C3'	2-6-6-6	Allegheny (Mallet/Simple articulated)	
D'D	0-8-8-0	Angus (Mallet)	
(1'D)D	2-8-8-0	Bullmoose (Mallet)	
(1'D)D1'	2-8-8-2	Chesapeake, Mallet consolidation (Mallet)	
(1'D)D2'	2-8-8-4	Yellowstone (Mallet/Simple articulated)	
(2'D)D1'	4-8-8-2	Cab Forward (Simple articulated)	
(2'D)D2'	4-8-8-4	Big Boy (Simple articulated)	
(1'E)E1'	2-10-10-2	Virginian (Mallet)	
(2'C1')(1'C2')	4-6-2+2-6-4	Double Pacific (Garratt)	
(2'C2')(2'C2')	4-6-4+4-6-4	Double Hudson (Garratt)	
(1'D1')(1'D1')	2-8-2+2-8-2	Double Mikado (Garratt)	
(2'D)(D2')	4-8-0+0-8-4	Double Mastodon (Garratt)	
(2'D1')(1'D2')	4-8-2+2-8-4	Double Mountain (Garratt)	
(2'D2')(2'D2')	4-8-4+4-8-4	Double Northern (Garratt)	

蒸汽火車的軌距，會讓蒸汽火車成為遷就於地域性的物種，這是印度大吉嶺喜馬拉雅鐵路（Darjeering Himalayan Railway）的特有蒸汽火車 Toy Train，610mm 軌距。

第2章

軌距與
RAILWAY GAUGE OF
STEAM LOCOMOTIVE
蒸汽機車

寬軌、標準軌、窄軌距
蒸汽機車的差異

　　標準軌（Standard Gauge）1435mm 是全球使用最多的軌距型式，起源自英國，為全球使用最多里程的軌距，約占全球百分之六十。而軌距大於標準軌距為寬軌（Broad Gauge），約占全球百分之二十三，軌距小於標準軌距為窄軌（Narrow Gauge），約占全球百分之十七。

　　對於鐵路工程師而言，軌距的使用並無絕對的優缺點，只是工程經濟的選擇而已。基本上如果軌距愈小，舖設的成本愈少，曲線半徑也愈小，地形適應性愈佳，可減少若干隧道與橋梁的興建，但相對的，車輛的運能運量也愈小，火車速度也會減慢。反之，軌距較寬，舖設的成本愈高，曲線半徑也愈大，為了路

❶ 標準軌的蒸汽機車可使用較大的動輪，較少旋轉數便能行駛長距離，故可減輕車輪磨耗，火車的速度可以加快。

線拉直拉平，坡度也隨著幹線的等級而有所限制，隧道與橋梁的興建將無可避免，成本勢必增加，一切端視該路線所經地形及所需運量而定。

但是，對於蒸汽火車來說，因為軌距的選擇，會影響到火車的框架寬度、鍋爐大小，動輪數目以及直徑，這會決定火車的速度、牽引力、轉彎的容易度，影響火車的性能甚大。寬軌距和窄軌距其優缺點分析如下：

• 寬軌距的優點 •

(1) 蒸汽火車底盤可以裝置大鍋爐

軌距加寬，火車有較大的框架裝設大鍋爐，與三、四個複式汽缸，蒸汽火車牽引力提高，列車速度才能提升。世界著名的高速火車紀錄締造者，如英國 A4 Mallard 蒸汽機車、德國 BR05 型蒸汽機車，其動輪皆採用複式汽缸，試驗時速超過 200 公里。

(2) 蒸汽火車可以裝置較大的動輪

軌距加寬，火車可使用較大的動輪，較少旋轉數，便能行駛長距離，故可減輕車輪磨耗，速度可以加快。例如標準軌的英國 LNER A4 型 4468 蒸汽機車，1938 年創造時速 202.8 公里，相對窄軌的日本 C62 蒸汽機車，1954 年最高創造時速 129 公里，這是窄軌的蒸汽火車的速度極限。

(3) 蒸汽火車可以裝較多的動輪

軌距加寬，火車可裝較多的動輪，可以增加黏著力，加大牽引力。例如美國的蒸汽火車 Big Boy，擁有八個動軸，足可翻山越嶺，是全世界最大最有力的蒸汽火車。

(4) 蒸汽火車的穩定性可以增加

軌距加寬，車輛的重心降低，高速運轉時翻覆的危險性減少，旅客乘坐舒適，可以減少出軌機率與貨物

BOX

淨空限界

軌距較寬，車高及車寬等車輛規格可以加大。當火車的體積較大，在一定時間內，能輸送較多的旅客及貨物，輸送效率明顯提高，鐵路運輸能力增大。而火車的車高及車寬的數值，也就是所謂的 Structure gauge，中文稱之為「淨空限界」，或是「淨空輪廓」。淨空限界與鐵路軌距雖然不一樣，但是大致是如此是成正比的。

❷ 當火車的軌距加寬，可以裝設更多汽缸曲柄在動輪之間，蒸汽火車的動力就可以提高。此為四缸型蒸汽機車的承軸，有兩個曲柄。

損傷。不過，軌距愈寬，未必車輛寬度就寬，這就是車寬與軌距的比值，窄軌的火車比較大，行駛容易搖晃，相對不利。

❶ 寬軌的蒸汽機車，車輛的重心降低，火車可裝設大鍋爐，蒸汽火車的輸出功率與牽引力可以提高。

· 窄軌距的優點 ·

(1) 軌道鋪設成本較為經濟

　　車輛寬度較窄，結構物均較小，軌條亦較輕，可節省用地成本及建設工程經費。所以林鐵、糖鐵等各種產業輕便鐵道處處可見，即是顯著實例。

(2) 軌道鋪設的彎道可以比較大

　　軌道於銳曲線軌道之處，曲線阻力較寬軌小，曲線半徑可以很小，適用於地勢險峻的山岳地區。如森林鐵道和登山鐵道，皆以窄軌為主。

(3) 軌道鋪設的坡度可以加大

　　因軌距較小，地形適應性較好，鐵路坡度可以加大，如登山鐵道，普遍都以窄軌為主。

> . 火車博士的 .
> **Q&A**
>
> 較窄的軌距，可以對應較大的火車車寬嗎？車寬與軌距的比值大，這會使得蒸汽火車的重心不穩，也會影響蒸汽火車的速度。

(4) 適合小型的蒸汽機車運用

　　窄軌火車的重量減輕，牽引噸數較小，可節省蒸汽機車動力，能源消耗也少。

❷ 窄軌火車的重量減輕，牽引噸數較小，可節省蒸汽機車動力。

	· 世界主要鐵路的軌距表 ·		
名稱	ft' in" （英尺英寸）	mm（毫米）	使用國家
寬軌	5' 6"	1676	印度、巴基斯坦、智利、阿根廷
	5' 5.85"	1668	西班牙、葡萄牙（伊比利半島寬軌）
	5' 3"	1600	愛爾蘭、巴西、澳洲維多利亞省（愛爾蘭寬軌）
	5'	1524	芬蘭、愛沙尼亞、塔吉克（俄國沙皇寬軌）
	4' 11.85"	1520	俄羅斯、獨立國協、蒙古（俄羅斯寬軌）
標準軌	4' 8.5"	1435	歐洲、北美洲主要國家、中國等【全球60％】
窄軌（中度軌）	3' 6"	1067	台灣、日本、非洲
	3' 5.35"	1050	黎巴嫩、約旦
	3' 3.37"	1000	瑞士、中南半島、巴西、阿根廷、智利【全球7％】
	3'	914	宏都拉斯、瓜地馬拉、巴拿馬、祕魯（馬丘比丘）
窄軌（兩英尺軌）	2' 7.5"	800	瑞士（少女峰WAB）、英國（威爾斯Snowdon）
	2' 6"	762	台灣（阿里山鐵道、台糖），日本（赤澤森林鐵道）
	2' 5.875"	760	奧地利、捷克、匈牙利、保加利亞
	2' 5.5"	750	東德（德勒斯登）、阿根廷（巴塔哥尼亞）
	2'	610	印度（大吉嶺鐵道）、南非、台灣（基隆煤礦）
窄軌（迷你軌）	1' 11.625"	600	斐濟、英國（Welsh Highland Railway）
	1' 9.45"	545	台灣（烏來台車鐵道）
	1' 8"	508	台灣（多數礦業鐵道）
	1' 3"	381	英國（Bure Valley Railway），日本（修善寺虹之鄉鐵道）

❶ 印度的蒸汽火車 IR3403，車軸配置 2-8-2，1676mm 軌距。

1676mm 軌距的
寬軌鐵道蒸汽火車

　　寬軌就是比標準軌寬，寬軌的火車僅次於標準軌，約占全球鐵道里程統計的百分之二十三。全球鐵路最寬軌距為 1676mm，5 英尺 6 英寸，使用的有中亞國家、印度、巴基斯坦、斯里蘭卡，還有南美洲的智利、阿根廷等國。這是過去殖民地時代，土地取得便宜，所以不用考慮用地成本，所以軌距用到 5 英尺半這麼大。當然這種蒸汽火車，底盤非常的寬大，可以裝置很大的鍋爐，但是因為殖民地路線不一定比較直，火車速度未必比較快，因此，曲率半徑大，坡度小，火車才跑得快。

❷ 印度的蒸汽火車 IR24467，車軸配置 4-6-0，1676mm 軌距。

❸ 印度的蒸汽火車 IR26，車軸配置 0-6-0，1676mm 軌距。

1668mm 軌距的
寬軌鐵道蒸汽火車

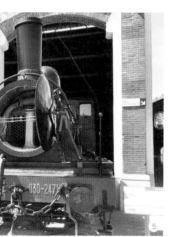

④ 西班牙的蒸汽火車 Renfe 040，車軸配置
0-8-0，1668mm 軌距。

葡萄牙、西班牙傳統鐵路軌距為 1668mm 寬軌，與歐洲國家 1435mm 標準軌相異，當時這樣的設計起源於避免鄰國戰爭侵略，如今卻成為西班牙無法與歐洲接軌的絆腳石。西班牙位於伊比利半島，隔著庇里牛斯山與歐洲大陸相連，由於 1668mm 僅在西班牙與葡萄牙使用，因此又稱為「伊比利寬軌」(Iberian gauge) 這也使得西班牙的蒸汽火車，不可能離開伊比利半島，成為「獨立的物種」，具有獨樹一格的風格文化，底盤很大，紅黑耀眼，宛如鬥牛士一般神氣。

整個歐洲大陸以標準軌為主要體系，往東連接俄羅斯 1520mm 寬軌，往西連接伊比利半島 1668mm 寬軌，火車不能互通形成障礙。因此，前者是火車在邊境站要「更換轉向架」(change of bogie)，後者是火車在邊境站要「自動改軌距」(break–of–gauge)。而這樣寬軌的存在意義，在下一個單元再說明。

⑤ 西班牙的蒸汽火車 Renfe 030，車軸配置
0-6-0，1668mm 軌距。
⑥ 西班牙的蒸汽火車 Renfe 141F，車軸配置
2-8-2，1668mm 軌距。

① 澳大利亞蒸汽火車 VR432，
車軸配置 2-8-2，1600mm 軌距。

② 澳大利亞蒸汽火車 VR995，
車軸配置 4-8-0，1600mm 軌距。

1600mm 軌距的
寬軌鐵道蒸汽火車

③ 澳大利亞蒸汽火車 VR236，
車軸配置 2-4-2，1600mm 軌距。

　　寬軌鐵路是世界三種軌距中，第二大的類型，僅次於標準軌。寬軌多半因地理與特殊國情等理由而採用，除了土地較大，還有對抗強權的意義。例如俄羅斯與獨立國協使用 1520mm，西班牙用 1668mm，愛爾蘭用 1600mm，故意與英國強權對抗，就是不一樣。1600mm 軌距稱被為「愛爾蘭寬軌」（Irish gauge），不言而喻。

　　如今 1600mm 軌距除了在愛爾蘭可以看到，在巴西、澳大利亞維多利亞省也可以看到。澳大利亞是大洋洲面積最大的國家，鐵路軌距複雜，從南到北，寬軌、標準軌、窄軌都有。火車從維多利亞省墨爾本出發，行走寬軌為 1600mm 軌距，火車到新南威爾斯省雪梨，行走標準軌 1435mm 軌距，火車到昆士蘭省布里斯本，行走窄軌 1067mm 軌距，一直到北邊的凱因茲為止。難以想像一個國家，因為殖民者的不同，南北廣闊，而創造如此鐵道軌距多元的環境。鐵路軌距也成為火車因不同族群，各自據地為王的分界。

1520～1524mm 軌距的寬軌鐵道蒸汽火車

1520～1524mm 寬軌是全球最大體系的寬軌，它的誕生背景有一段典故。1842 年 12 月 12 日，俄國沙皇時代，制定寬軌用 5 英尺即 1524mm，又稱為「沙皇寬軌」或「西伯利亞軌距」。到 1960 年代，初期的軌距是以英尺英寸作為計算單位，後來「公制」誕生之後，也因此產生公制化「英寸去尾數」的現象。俄羅斯、蒙古等獨立國協等國將 1524mm，改為 1520mm 俄羅斯寬軌（Russian gauge），公制化迄今。

如今維持 1524mm 軌距的國家已經很少，例如芬蘭、愛沙尼亞、塔吉克等，不過仍可以駛入 1520mm 軌距的俄羅斯。沙皇寬軌的蒸汽火車真的很高大，因為軌距寬，火車的框架底盤比較寬大，鍋爐的重心可以拉高。這也成就西伯利亞軌距蒸汽火車，高大威武的形象！

④ 前蘇聯蒸汽火車 P36 型，
　車軸配置 4-8-4，1524mm 軌距。

⑤ 前蘇聯蒸汽火車 Russian Decapod class E(Ye) 型，車軸配置 2-10-0，1524mm 軌距。

⑥ 寬軌的蒸汽火車，底盤比較寬大，鍋爐的重心可以拉高。

第②章　軌距與蒸汽機車
Railway gauge of steam locomotive

1520～1524mm 軌距的
寬軌鐵道蒸汽火車

前蘇聯蒸汽火車 class L 型，車軸配置
2-10-0，1524mm 軌距。

. 火車博士的 .
Q&A

軌距差距 4mm 的火車竟然可以直
通？這種 4mm 的改軌其實指的是
換軌時「重軌化」，換成較粗的軌
條，讓鐵軌的上端間距改變而已。
一般而言 10mm 以下誤差，在軌
距放寬的範圍之內，火車可以直
通互駛。

❶ 英國蒸汽火車 The Jocobite BR45407，車軸配置 4-8-0，1435mm 軌距。

1435mm 軌距的
標準軌鐵道蒸汽火車

❷ 澳大利亞新南威爾斯省蒸汽火車，車軸配置 4-6-4，1435mm 軌距。

　　標準軌 1435mm 是全球使用最多的軌距型式，起源自英國的史蒂芬生軌距。世界各國如歐亞大陸主要國家，中國、韓國、法國、德國、波蘭、美國、加拿大、日本新幹線、澳洲新南威爾斯省、台灣高鐵，及台北捷運、高雄捷運的高運量系統皆屬之，歐洲國際路網也因為共同採用標準軌，使得鐵路交通無國界。直至今日，標準軌為全球使用最多里程的軌距，約占全球百分之六十。

　　如第 1 章所述，1826 年英國要興建從曼徹斯特到利物浦的鐵路，1829 年於利物浦附近舉行雨丘競賽，史蒂芬生父子的火箭號獲得勝利。這條鐵路才是全世界第一條 4 英尺 8 英寸半，即 1435mm 的鐵路。而這

增加半英寸的由來，是史蒂芬生父子依據 S&DR 的經驗，發現火車過彎時，軌道應該適度放寬間隙（running tolerance）減低阻力，當時 1422mm 與 1435mm 的火車根本就是可以互駛的。往後十年，喬治・史蒂芬生與他的兒子羅伯・史蒂芬生，執行了許多鐵路的建造案，卻都各地自訂，牽就馬車鐵道，混亂不一，皆不是 1435mm 軌距。當時英國還有一派，認為應該加寬軌距，以提高機車的速度，最寬 7 又 4 分之 1 英寸軌距，為 2140mm，1841 年這樣的鐵路也完工通車，形成兩派激烈的論戰。

❸ 波蘭蒸汽火車 OL-49 型，車軸配置 2-6-2，1435mm 軌距。

. B O X .

1422mm 演變成 1435mm 的由來

英國的馬車鐵道軌距很多，從 4 到 5 英尺之間各種都有。1765 年，英國紐卡斯爾（Newcastle）附近的 Killingworth 礦坑中，鋪設的鐵道軌距為 4 英尺 8 英寸，也就是 1422mm。1771 年，史蒂芬生出生在英國中部諾森伯蘭郡的維拉姆（Wylam, Northumberland），也就是紐卡斯爾附近。他的成長過程，與礦坑的鐵道工程師工作有密切關係，因此他在改良研究蒸汽機車便受到影響。1814 年他所製造出的第一部火車頭，便使用於礦坑的馬車鐵道。1825 年，史蒂芬生建設世界上第一條公共運輸的鐵道，從斯托克頓至達靈頓鐵路（Stockton and Darlington railway，又稱 S&DR），即是 1422mm 的軌距，又稱為第一代史蒂芬生軌距。1829 年雨丘競賽，由 1422mm 加半英寸，加寬成 1435mm，就是今日標準軌距的由來。

然而，英國為了讓全國的路網彼此能夠銜接，甚至包含已經在建設鐵路的歐洲大陸，大家都需要一個普遍採用的軌距。西元 1845 年英國制定鐵道軌距法，公布標準軌距為 1435mm，也奠定喬治・史蒂芬生「鐵道之父」崇高的地位，直到 1848 年他過世為止。標準軌距的制定，影響往後數百年的鐵道發展，如今這款軌距的蒸汽火車，真的是全世界最大的族群呢！

❹ 德國蒸汽火車 BR50 型，車軸配置 2-10-0，1435mm 軌距。

1067mm 軌距的
窄軌鐵道蒸汽火車

在這些鐵道軌距中，在台灣最為人熟知的，就是台灣與日本所用的 1067mm，3 英尺 6 英寸的開普軌距 (Cape gauge)，里程數約有 112000 公里，占全球百分之九。這種軌距並非英國所原創，而是來自挪威工程師卡爾‧亞伯拉罕 (Carl Abraham Pihl) 所設計，為了適應挪威高山與湖泊地形，1861 年在挪威鋪設，1873 年在南非的開普省被使用。台灣、日本、中非洲、菲律賓、紐西蘭等國鐵路，都是使用 1067mm 軌距的蒸汽火車。

自 1872 年日本東京新橋第一條鐵路啟用迄今，日

❶ 台灣的蒸汽火車 DT668 來自日本，車軸配置 2-8-2，1067mm 軌距。

❷ 日本蒸汽火車 C6120，車軸配置 4-6-4，1067mm 軌距。

❸ 日本北海道蒸汽火車 C11171，車軸配置 2-6-4，1067mm 軌距。

3

④ 紐西蘭南島蒸汽火車 Kaitangata，車軸配置 0-6-0，1067mm 軌距。

本鋪設 1067mm 軌距的里程數，雖然是世界第三，卻是科技先進，全球首屈一指的窄軌鐵道王國。中國第一條鐵路在 1881 年唐胥鐵路，採用標準軌 1435mm，而劉銘傳在 1887 年創建台灣鐵路時，卻採用與日本相同的窄軌 1067mm。這項歷史的巧合，也讓甲午戰爭前後，日本從清廷手中牟取台灣的動機更加強烈。因為從陸軍的角度思考更便於作戰，在 1895 年日本攻台時，日本陸軍從內地調運日本蒸汽火車頭，可以立即行駛於台灣的鐵道上。1899 年開始興建縱貫線，日本蒸汽火車不需改軌距直接輸入，從此台灣全面進入日本蒸汽火車的時代。

① 德國 HSB 蒸汽火車 BR99 型，車軸配置 2-10-2，1000mm 軌距。

1000mm 軌距的
窄軌鐵道蒸汽火車

　　1000mm 軌距，又被稱為「米軌」，這是歐洲大陸非常普遍的窄軌系統。舉凡德國、法國、瑞士、奧地利等國的登山鐵道，處處可見米軌的蒸汽火車，例如瑞士（少女峰 BOB、JB），德國哈茨窄軌鐵道（Harzer Schmalspurbahn HSB）蒸汽火車 BR99 型。

　　但是隨著歐洲的殖民地勢力深入世界各地，中國雲南、中南半島諸國、巴西、阿根廷、智利、玻利維亞，都可以看到米軌鐵路的存在。然而，日本是 1067mm 軌距的強國，所以成就出日本蒸汽火車的「改米軌」輸出。例如日本靖國神社保存泰緬鐵路蒸汽火車 C5631，就是原本 1067mm 修改成 1000mm 軌距的。

❷ 泰國蒸汽火車 C5623，1000mm 軌距，是日本蒸汽火車的
「改米軌」輸出。

❸ 保存於日本靖國神社，泰緬鐵路蒸汽火車 C5631，車軸配
置 2-6-0，原本 1067mm 修改成 1000mm 軌距。

❹ 印度齒軌蒸汽火車 X37395，車軸配置 0-8-2，1000mm 軌距。

① 美國加州 Roaring Camp Railroad，Class C Shay 蒸汽火車，914mm 軌距。

914mm 軌距的
窄軌鐵道蒸汽火車

　　鐵道軌距中，窄軌與輕便鐵道的分界，就是以 1000mm 軌距或 3 英尺 914mm 軌距為標準。因為比這個軌距更小，鋪設的成本低，火車體積小重量輕，以便利建設與輸送，light 也有低成本的含意，在日本稱為「輕便鐵道」。

　　不過，歐洲地區，喜歡以 1000mm 軌距為標準，拉丁美洲地區，喜歡以 3 英尺 914mm 軌距為標準，故名為美洲窄軌。例如美國猶他州的森林鐵路、宏都拉斯、瓜地馬拉、巴拿馬、祕魯馬丘比丘鐵路，這些鐵路的蒸汽火車就是這款軌距。日本北海道的小樽博物館，重現美國建設的開拓時期，還特別引進 914mm 軌距的蒸汽火車呢！

❷ 美國猶他州鐵路蒸汽火車模型，車軸配置 2-6-6-2，914mm 軌距。★

❸ 美國加州 Roaring Camp Railroad，Class B Shay 蒸汽火車，914mm 軌距。

❹ 日本北海道小樽博物館的蒸汽火車，車軸配置 2-6-0，914mm 軌距。

第②章 　軌距與蒸汽機車　│ 800mm 軌距的
Railway gauge of steam locomotive │ 輕便鐵道蒸汽火車

❶ 威爾斯 SRM 的齒軌蒸汽火車。

800mm 軌距的
輕便鐵道蒸汽火車

　　800mm 軌距的蒸汽火車，是屬於英國威爾斯高地的「物種」，除了瑞士以外，其他國家沒有。在英國威爾斯高地的窄軌鐵道傳奇 (Great Little Trains of Wales) 裡，就是史諾頓登山鐵道 SMR (Snowdon Mountain Railway)。

　　這款 800mm 軌距輕便鐵道，是搭配中間有齒軌的，所以使用 SLM 齒軌的蒸汽火車，瑞士少女峰鐵路的 WAB 就是這種鐵路。瑞士 BRB (Brienz Rothorn Bahn) 也使用相同的 SLM 蒸汽火車，於是跟英國史諾頓的登山鐵道，兩條路諦結為姐妹鐵路。

❷ 瑞士 BRB 的蒸汽火車，800mm 軌距。

❸ 威爾斯 800mm 軌距的齒軌鐵路，同型式也用於瑞士的 BRB。

④ 英國 762mm 軌距的保存聖地，韋爾什普爾與蘭菲爾輕便鐵道蒸汽火車。

⑤ 台灣台糖鐵路 370 號蒸汽火車，762mm 軌距。

762mm 軌距的
輕便鐵道蒸汽火車

　　762mm 軌距源自於英國的威爾斯，規格為 2 英尺 6 英寸，所以當地稱為 30 英寸鐵道（30 inches railway）。這種軌距堪稱全球產業鐵道窄軌的大宗，隨著英國的殖民地開拓，以及英國鐵道技術的輸出，幾乎分布了全世界。除了英國威爾斯當地韋爾什普爾與蘭菲爾輕便鐵道（Welshpool and Llanfair Light Railway），保存這款 762mm 軌距，也收集全球這款軌距的火車之外，世界各地如台灣的阿里山鐵道、台糖鐵道等，澳洲的普芬比利鐵道，日本的赤澤森林鐵道、黑部峽谷、三岐鐵道、北海道丸瀨布等，中國的四川芭石鐵道，都是 762mm 軌距的天下。

❶ 中國的四川芭石鐵道蒸汽
火車，762mm 軌距。

　　台灣日治時期的產業輕便鐵道，誕生於 1906 年
的嘉義北門與高雄橋仔頭，以 762mm 軌距為最大宗，
包含糖鐵、林鐵、鹽鐵，舊台東線等體系，它曾經密
如蛛網，鋪設長度總和高達三千六百多公里，分布在
台灣這塊土地上，它的總里程遠超過台鐵 1067mm 軌

❷ 日本北海道丸瀨布森林鐵道
蒸汽火車，762mm 軌距。

第②章　軌距與蒸汽機車
Railway gauge of steam locomotive　│　762mm 軌距的
輕便鐵道蒸汽火車

❸ 台灣阿里山鐵路 25 號蒸汽火車，762mm 軌距。

❹ 台鐵舊東線鐵路 LDT103 型蒸汽火車，762mm 軌距。

❺ 台鐵舊東線鐵路 LDK59 型蒸汽火車，762mm 軌距。

距一千餘公里、高鐵 1435mm 軌距三百四十八公里，是全台灣最大的鐵道族群。如今這個鐵道體系沒落了，真是讓人不勝唏噓！

• 台灣鐵道體系的軌距八大種類 •		
1	1435 mm 標準軌距	大眾捷運
		高鐵
2	1067mm 窄軌軌距	台鐵主要路網、台糖與其他產業鐵道連接
3	914mm 稀有軌距	基隆港區專用
4	762 mm 輕便軌距	糖業鐵道：溪湖、虎尾、新營、橋頭等糖廠 林業鐵道：阿里山、太平山、八仙山等 鹽業鐵道：布袋、七股 工程用鐵道：嘉南大圳、新高港 礦業用鐵道：金瓜石 舊東線鐵道：1982 年以前花蓮至台東 遊樂區鐵道：六福村等
5	610mm	五堵基隆煤礦、埔里、玉井糖廠
6	545mm	烏來台車
7	508mm	礦業鐵道
8	495mm	台車鐵道：新平溪煤礦

760mm 軌距的
輕便鐵道蒸汽火車

760mm 軌距又稱為波士尼亞軌距（Bosnian gauge），這是英國 762mm 軌距的東歐特有版，去掉尾數求整數，有別於知名的英國 762mm 軌距，以資分庭抗禮。不過兩款軌距的蒸汽火車，其實彼此是可以互通的。

　　波士尼亞軌距的窄軌鐵道，它普遍存在於昔日奧匈帝國與前南斯拉夫帝國的時代，現今奧地利、匈牙利、捷克、斯洛伐克、保加利亞、塞爾維亞、羅馬尼亞等國，範圍涵蓋東歐的阿爾卑斯山、喀爾巴阡山脈、巴爾幹山脈的窄軌鐵道，森林鐵道都還在使用。例如匈牙利的兒童鐵道蒸汽火車，羅馬尼亞的維塞烏森林鐵道蒸汽火車（Vaser Valley Forestry Railway），斯洛伐克的切尼赫榮森林鐵路蒸汽火車（Cierny Hron Forest Railway），塞爾維亞的八字形螺旋鐵道蒸汽火車（Mokra Gora and the Sargan Eight Railway），都是 760mm 軌距的天下。

❶ 羅馬尼亞的維塞烏森林鐵道，Mocanita 蒸汽火車，760mm 軌距。

❷ 東歐的喀爾巴阡山脈，森林資源非常的豐富，斯洛伐克的切尼赫榮森林鐵路蒸汽火車，760mm 軌距。

❸ 塞爾維亞的八字形螺旋鐵道蒸汽火車 83-52，車軸配置 0-8-2，760mm 軌距。

❹ 在奧匈帝國的時代，都使用 760mm 軌距，奧地利 OBB Zillertal Bahn 蒸汽火車 83-76，車軸配置 0-8-2。

❺ 德國薩克森鐵道蒸汽火車 BR99 1793-1，車軸配置 2-10-2，750mm 軌距。

❻ 德國薩克森鐵道蒸汽火車 SOEG BR99 735
型，車軸配置 2-10-2，750mm 軌距。

❼ 德國薩克森鐵道蒸汽火車 BR99 586，這是
很珍貴的複式汽缸 Meyer 蒸汽火車，車軸配
置 0-4-4-2，750mm 軌距。

750mm 軌距的
輕便鐵道蒸汽火車

　　750mm 軌距的蒸汽火車，是 762mm 軌距的修正，
尾數為整數，這是屬於德國體系的輕便鐵道。主要
分布為以前東德的德勒斯登地區薩克森鐵道（Saxony
schmalspurbahn）。德國 BR99 型 750mm 軌距的蒸汽火
車，是很珍貴的複式汽缸 Meyer 蒸汽火車，即是以薩
克森鐵道地區為保存聖地。

　　此外，750mm 軌距的蒸汽火車，其他諸如東歐
與前蘇聯也有部分採用，最遠的是阿根廷的老巴塔哥
尼亞高原火車。不過，德國的這類蒸汽火車很重，鐵
道的軌條也重軌化，淨空限界是比較大的，車廂很
大，坐起來很舒適，蒸汽火車跑到時速 40 至 50 公里
是沒有問題的。

686mm 軌距的
輕便鐵道蒸汽火車

686mm 軌距的輕便鐵道蒸汽火車，是屬於英國威爾斯的「特有物種」。在威爾斯高地的窄軌鐵道傳奇 (The Great Little Train of Wales) 中，就是泰爾依鐵道 (Talyllyn Railway)，此外英國的 Corris Railway，也是這種軌距。

其實 686mm 軌距的輕便鐵道蒸汽火車很有名，因為湯瑪士小火車的作者，威爾伯特牧師故事創作的靈感，起源於威爾斯的輕便鐵道。1952 年，他在英國威爾斯泰爾依這條保存鐵道擔任志工。而湯瑪士小火車的雷尼斯 (Rheneas)，即源自泰爾依鐵道的 Goldoch。如今這條鐵路變成紀念他的地方，還以一部蒸汽火車取名為愛德華湯瑪士 (Edward_Thomas)。

❶ 英國威爾斯 Talyllyn Railway 的蒸汽火車 Edward Thomas。
❷ 英國威爾斯 Talyllyn Railway 的蒸汽火車 Dauglus。
❸ 英國威爾斯 Talyllyn Railway 的蒸汽火車 Goldoch。

❹ 英國威爾斯 Talyllyn Railway，686mm 軌距。

⑤ 英國的蒸汽火車，車軸配置 0-4-0，610mm 軌距。
⑥ 日本碓冰峠鐵道文化村的蒸汽火車 Green Breeze，車軸配置 0-6-0，610mm 軌距。
⑦ 印度大吉嶺馬拉雅鐵道的蒸汽火車 Toy Train，車軸配置 0-4-0，610mm 軌距。

⑧ 英國威爾斯巴拉湖鐵道的蒸汽火車，610mm 軌距。

610mm 軌距的
輕便鐵道蒸汽火車

　　610mm 軌距的蒸汽火車，就是兩英尺軌道，這是非常有名的英國威爾斯輕便鐵道，除了英國之外，也輸出到當時許多英國的海外殖民地，例如印度大吉嶺喜馬拉雅鐵道的蒸汽火車 Toy Train 就是。在威爾斯的小火車集團中，巴拉湖鐵道（Bala Lake Railway）就是保存這款 610mm 軌距的蒸汽火車。

　　這種軌距的蒸汽火車很有英國風味，多數用於工礦產業運輸與遊憩鐵道事業。世界各國除了印度大吉嶺鐵道之外，例如南非的鐵道、台灣的五堵基隆煤礦，也都有過 610mm 軌距的蒸汽火車，如今五堵基隆煤礦蒸汽火車被保存於日本的成田夢牧場。日本碓冰峠鐵道文化村還購買了一台 Green Breeze 蒸汽火車，成為遊園鐵道的火車呢！

① 英國威爾斯布雷肯山鐵道的蒸汽火車，603mm 軌距。

603mm 軌距的
輕便鐵道蒸汽火車

　　603mm 軌距的輕便鐵道蒸汽火車，這也是屬於英國威爾斯的特有物種。在威爾斯高地的窄軌鐵道傳奇中，包含有布雷康登山鐵道（Brecon Mountain Railway），以及 Vale of Rheidol Railway，都是 603mm 軌距。

　　不過，英國威爾斯的這類火車，其實車廂還算大，坐起來還算舒適。也就是說，如此窄的軌距，卻對應較大的車寬，車寬與軌距的比值很大。這也就是所謂的淨空限界是比較大的。

② 如此窄的軌距，對應較大的車寬，車寬與軌距的比值大，淨空限界很大。
③ 英國威爾斯的紅色蒸汽火車，603mm 軌距。

❹ 前蘇聯的 KP4 Kch4 的蒸汽火車，車軸配置 0-8-0，600mm 軌距。

600mm 軌距的
輕便鐵道蒸汽火車

　　600mm 軌距的蒸汽火車，跟 750mm 一樣，尾數為整數，這是屬於德國體系的輕便鐵道，以德國柏林公園兒童鐵道（Berliner Parkeisenbahn）的蒸汽火車最具代表性，德文 Feldbahn Dampflok 指的就是這款小火車。

　　德國的 BR99 型輕便鐵道蒸汽火車，是昔日軍事運輸鐵道的機車（Heeresfeldbahn Brigadelok）0-8-0T 接收而來，當時 600mm 軌距已經是最小的極限。德國柏林公園兒童鐵道的 1138，慕斯考森林鐵路（Waldeisenbahn）的 BR99 3317，以及輸出到保加利亞，成為保加利亞的 HFB Brigade lokomotive 479 蒸汽火車。其他如拉丁美洲、斐濟、希臘、中國（雲南寸軌鐵道）等等，都還有這類的蒸汽火車。

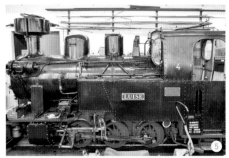

❺ 德國柏林公園兒童鐵道的蒸汽火車 Luise，車軸配置 0-6-0，600mm 軌距。

❻ 德國 BR99 型的蒸汽火車 1138，源自軍事運輸鐵道的機車，600mm 軌距。

❼ 德國同款的 BR99 型蒸汽火車，成為保加利亞的 HFB 479 蒸汽火車。

❶ 英國威爾斯 Llanberis Lake Railway 的蒸汽火車，597mm 軌距。

597mm 軌距的
輕便鐵道蒸汽火車

　　597mm 軌距的輕便鐵道蒸汽火車，一樣是屬於英國威爾斯的特有物種。在威爾斯高地的窄軌鐵道傳奇中，包含威爾斯高地鐵道（Welsh Highland Railway）、費斯汀尼鐵道（Ffestiniog Railway）、蘭貝里斯湖鐵道（Llanberis Lake Railway）。基本上 603mm、600mm、597mm 這三種軌距，在英國的威爾斯的小火車集團，軌距還算在誤差範圍，蒸汽火車可以互通行駛。

❷ 英國威爾斯 Ffestiniog Railway 的蒸汽火車，597mm 軌距。

❸ 英國威爾斯 Welsh Highland Railway 的蒸汽火車，597mm 軌距。

500mm 軌距以下的
輕便鐵道蒸汽火車

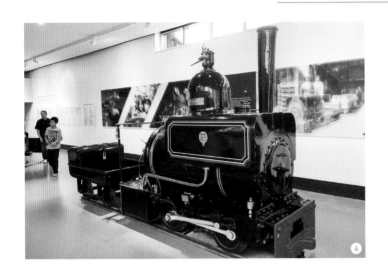

500mm 軌距以下的輕便鐵道，基本上這種蒸汽火車，已經脫離一般運輸體系的範圍，都是工礦鐵道、遊憩體系的鐵道在使用。例如英國約克博物館，保存一台 18 英寸 457.2mm 軌距的蒸汽火車，即是工礦鐵道。

④ 英國約克博物館，18 英寸 457.2mm 軌距蒸汽火車。

而 381mm 軌距，同時用在三條有名的鐵路，英國 Bure Valley Railway、英國 Romney, Hythe and Dymchurch Railway，以及日本修善寺虹之鄉迷你鐵道（復刻自英國），這是世界公認最小可以載人的公共運輸鐵道。火車如果再小一點，人就塞不進這麼小的車廂裡面了。而 5 英寸 127mm 軌距的迷你蒸汽火車，人可以跨坐在車廂屋頂，這是可以載人的最小火車極限了。

• 500mm 軌距以下的輕便鐵道蒸汽火車列表 •	
495mm	台灣新平溪煤礦、人力台車鐵道
381mm	英國 Bure Valley Railway 英國 Romney, Hythe and Dymchurch Railway 日本修善寺虹之鄉迷你鐵道
311mm	特例 英國 Fairbourne Railway
260mm	特例 英國 Isle of Mull Railway

⑤ 這是 5 英寸 127mm 軌距蒸汽火車，這是可以載人的最小火車極限。

⑥ 日本修善寺虹之鄉迷你鐵道的蒸汽火車，381mm 軌距。

第 3 章

一 般 用 途 的

GENERAL
STEAM LOCOMOTIVE TYPE

蒸 汽 機 車

認識蒸汽機車的基本觀念，從車軸組態開始，這是日本 C57180 Pacific 4-6-2 蒸汽機車。這種車軸組態，被喻為人類史上最完美的高速蒸汽機車設計。

❶ 英國 NRM 鐵道博物館，史蒂芬生火箭號蒸汽機車，車軸組態為 0-2-2。這是可以出去行駛的復刻版。

單動軸蒸汽機車
——初始的型式

ROCKET ⓪–②–② （A1）　　輪軸排列 ⬭●

　　蒸汽機車的發展，從 1825 年黎明時期，最早就是單動軸的蒸汽機車開始。因為 1825 年史蒂芬生的火箭號蒸汽機車，車軸組態為 0-2-2，故被稱為 Rocket 的車軸組態。華式分類為 0-2-2，UIC 分類為（A1），代表該火車單邊前方沒有導輪，火車有一個動軸，後方有一個從輪承載鍋爐，十分簡單。

　　如今，英國 NRM 鐵道博物館有兩套史蒂芬生火箭號蒸汽機車復刻版，為靜態保存與可以行駛各一款，前者陳列讓民眾參觀，後者運行與民眾同樂。

❷ 這是史蒂芬生火箭號蒸汽機車，靜態保存的復刻版。
❸ 史蒂芬生火箭號蒸汽機車的活塞結構。

④ 英國 NRM 鐵道博物館，Aerolite 蒸汽機車，車軸組態為 2-2-4。

⑤ Aerolite 蒸汽機車，車軸組態為 2-2-4，後方兩個導輪可以活動，所以 1A2'，2 加 '。

⑥ 法國 SNCF 鐵道博物館，St.Pierre 骨董蒸汽機車，車軸組態為 2-2-2。

蒸汽機車發展的黎明時期，當時有許多試驗，以提升火車性能。例如在單動軸的蒸汽機車前面，加上一個固定導輪，以避免碾壓到障礙物出軌，或是在單動軸的蒸汽機車後面，加上一個固定導輪，讓駕駛與煤水燃料，有較佳的儲存空間。

於是蒸汽機車被稱為 Patentee 的車軸組態出現了，華式分類為 2-2-2，UIC 分類為 (1A1)，代表該火車單邊前方有一個導輪，火車有一個動軸，後方有一個從輪承載鍋爐，也可當成後退的導輪使用。在 1830 年代，當時世界各國的蒸汽機車，很多都是這一類，例如保存於德國紐倫堡鐵道博物館的 Adler，保存於法國 SNCF 鐵道博物館，St.Pierre 骨董蒸汽機車就是此類火車。

當然，這樣的試驗是成功的。於是英國製造了一款特別的蒸汽機車，被稱為 Aerolite。它的車軸組態，華式分類為 2-2-4，UIC 分類為 (1A2')，代表該火車單邊前方有一個導輪，火車有一個動軸，後方有兩個從輪承載鍋爐，也可當成後退的導輪使用，成為很特別的轉向架，目前保存於英國 NRM 鐵道博物館。

JERVIS ④-②-⓪ (2'A)	輪軸排列 ●●◯
SINGLE DRIVER ④-②-② (2'A1)	輪軸排列 ●●◯◯●

在蒸汽機車發展的黎明時期，除了有許多提升火車性能的試驗，為了追求速度而發展單顆大動軸，成為時代的趨勢。

然而，在單動軸的蒸汽機車前面，加上一個固定導輪，以避免碾壓到障礙物出軌，如果導輪增加為兩個，還可以讓鍋爐的承載空間加大。蒸汽機車被稱為 Jervis 的車軸組態出現，華式分類為 4-2-0，UIC 分類為 (2'A)，代表該火車有一個動軸，單邊前方有兩個導輪，後方沒有從輪。例如法國 SNCF 鐵道博物館，保存的 Crampton 骨董蒸汽機車即是。

此外，以前面 4-2-0 為基礎，在單動軸的蒸汽機車後面，加上一個固定導輪，讓駕駛與煤水燃料，有較佳的儲存空間。於是被稱為 Single Driver 的車軸組態，華式分類為 4-2-2，UIC 分類為 (2'A1)，代表該火車單邊前方有兩個導輪，火車有一個動軸，後方有一個從輪承載鍋爐，也可當成蒸汽機車後退的導輪使用。例如保存於英國 NRM 鐵道博物館，Iron Duke 蒸汽機車即是。

❶ 美國 B&O 鐵道博物館，B&O R.R 骨董蒸汽機車，車軸組態為 4-2-0。
❷ 法國 SNCF 鐵道博物館，Crampton 骨董蒸汽機車，車軸組態為 4-2-0。
❸ 英國 NRM 鐵道博物館，Iron Duke 蒸汽機車，車軸組態為 4-2-2。

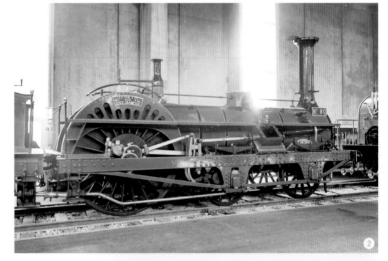

④ 英國 1829 年夏特端點鐵道蒸汽火車 Age-
noria。
⑤ 土耳其蒸汽火車 TCDD 140 號，車軸組態為
0-4-0，軌距為 1435mm。

⑥ 日本鐵路蒸汽火車 B2010 號，車軸組態為
0-4-0，軌距為 1067mm。
⑦ 印度大吉嶺蒸汽火車 Toy Train，車軸組態為
0-4-0，軌距為 610mm。

雙動軸蒸汽機車
—實用的開始

FOUR—WHEEL—SWITCHER
⓪—④—⓪（B）
輪軸排列 ◯◯

　　蒸汽機車的發展從黎明時期，開始過渡到實用階
段。首先就是牽引車廂的數目增加，牽引力必須加強，
因此單動軸的蒸汽機車不再合乎需求，雙動軸的蒸汽
機車也就這樣被發明出來。

　　黎明時期，堪稱是雙動軸蒸汽機車的鼻祖，1829
年製造的夏特端點鐵道（Shutt End Colliery Railway）
Agenoria 蒸汽火車，今日保存於英國 NRM 鐵道博物
館。後來逐步朝實用化發展，被稱為 Four-Wheel-
Switcher 的車軸組態，華式分類為 0-4-0，UIC 分類為
（B），代表該火車單邊前方沒有導輪，火車有兩個動
軸，後方沒有從輪承載鍋爐。

　　不過，即使歷經百年，雙動軸的蒸汽機車還是存
在，因為它構造簡單，成本低廉，是最為經濟的調度
用蒸汽機車，涵蓋各種軌距，一體適用。例如台灣的
騰雲號蒸汽機車，就是這種類型的火車。

OLOMANA ⓪-④-② (B1')　輪軸排列

① 英國的 Glastone 蒸汽火車，後
方導輪是固定的，車軸組態為
0-4-2，軌距為 1435mm。

0-4-0 Four–Wheel–Switcher 四輪調度者，最為經濟的調度用蒸汽機車，不過，如果想要讓蒸汽機車，裝大一點的鍋爐與水箱，駕駛室也放大一點，就得增加一個軸導輪，車軸組態為 0-4-2 的設計，就應運而生。

於是，蒸汽機車被稱為 Olomana 的車軸組態，華式分類為 0-4-2，UIC 分類為 (B1')，代表該火車單邊前方沒有導輪，火車有兩個動軸，後方有一個從輪承載鍋爐。從此雙動軸的蒸汽機車，走向實用化。

❷ 奧地利鐵路蒸汽火車 AJAX，車軸組態為 0-4-2，軌距為 1435mm。

❸ 印尼鐵路齒軌蒸汽火車 B2502，車軸組態為 4-4-2，軌距為 1067mm。

❹ 印度鐵路蒸汽火車 EIR，車軸組態為 4-4-2，軌距為 1676mm。

　　蒸汽機車被稱為 Forney 的車軸組態，華式分類為 0–4–4，UIC 分類為 (B2')。代表該火車單邊前方沒有導輪，火車有兩個動軸，後方有兩個從輪承載鍋爐，也可當成後退的導輪使用。雖然這樣設計不實用，但是這款蒸汽機車，卻真的存在過，除了英國的 M7 class 之外，香港的九廣鐵路（KCR, Kowloon–Canton Railway）沙頭角支線蒸汽機車就是實例。

　　沙頭角支線興建於 1911 年 4 月，1912 年 4 月 1 日完工通車，是九廣鐵路於香港新界北區的一條窄軌鐵路，軌距為 610mm，由今日的粉嶺站通往沙頭角。因為沿線公路興建而客運量大減，在 1928 年廢止，僅營運了 16 年。當時沙頭角支線使用的其中兩輛英國製 W.G.Bagnall 蒸汽機車，車軸配置為 0–4–4T，1928 年停駛之後，1933 年被賣到菲律賓的甘蔗園繼續使用。二次大戰結束後，1995 年被九廣鐵路購回。其中一輛蒸汽機車修復成 1920 年代的原貌後，1997 年起陳列於香港鐵路博物館，也是唯一保存 Forney 車軸組態的 610mm 軌距的蒸汽機車。

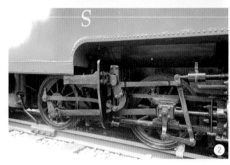

❶ 英國 LSWR 的 245 號，M7 class，車軸組態為 0-4-4T，1897 年製造，保存於英國約克鐵道博物館。

❷ 該款蒸汽機車的輻射型動輪與雙滑棒十字頭特寫。

❸ 曾經用於香港沙頭角支線的九廣鐵路蒸汽機車，保存香港鐵道博物館。

❸ 日本的 110 號蒸汽火車，車軸組態為 2-4-0，前方導輪是固定的，軌距為 1067mm。

❹ 英國的 790 號蒸汽火車，車軸組態為 2-4
-0，軌距為 1435mm。

❺ 西班牙蒸汽火車，車軸組態為 2-4-0，前方
導輪是固定的，軌距為 1435mm。

| HANSCOM ②-④-⓪ (1'B) | 輪軸排列 ●○○ |

前述 0-4-0 蒸汽機車，打開蒸汽機車實用化之門。不過，沒有導輪的蒸汽機車，很容易不慎出軌，因此，以 0-4-0 蒸汽機車為基礎，前面加一個軸導輪，火車就不怕在彎道發生出軌了。

於是，被稱為 Hanscom 的車軸組態蒸汽機車就誕生了，華式分類為 2-4-0，UIC 分類為 (1'B)，代表該火車單邊前方有一個導輪，火車有兩個動軸，後方沒有從輪承載鍋爐，沒有後退的導輪可使用。此類蒸汽機車十分實用，涵蓋各種軌距，一體適用。目前全台灣最古老，保存於國立台灣博物館的 9 號蒸汽機車，1871 年製，就是這種類型的火車。

COLUMBIA ②-④-② (1'B1')　輪軸排列 •⦿⦿•

　　由於車軸組態 2-4-0 蒸汽機車十分實用，如果以
此為基礎，裝大一點的鍋爐與水箱，讓駕駛室放大一
點，就得增加一個軸導輪，車軸組態為 2-4-2 的設計，
就此應運而生。

　　該蒸汽機車被稱為 Columbia 的車軸組態，華式
分類為 2-4-2，UIC 分類為（1'B1'），代表該火車單
邊前方有一個導輪，火車有兩個動軸，後方有一個從
輪承載鍋爐，也可當成後退的導輪使用。此類火車是
英國的原創，流傳到世界各地，包含澳大利亞與日本
都有，而台鐵的 BK20 型，源自日本的蒸汽火車 230
型，就是這種類型的火車。

② 澳大利亞的 VR236 號蒸汽
火車，車軸組態為 2-4-2，
等於是前者英國火車的寬軌
版，軌距為 1600mm。

③ 台鐵的 BK20 型蒸汽火車，
僅存最後一部 BK24。

④ 日本的蒸汽火車 230 型 233 號，近似台鐵的 BK20 型，車軸組態為 2-4-2，等於是前者英
國火車的窄軌版，軌距為 1067mm。

在蒸汽火車的黎明時期，人類開始追求速度與牽引力，於是發展兩顆大動輪，成為那個時代的趨勢。但是蒸汽火車用大動輪，比小動輪更容易出軌，於是前面加兩軸的無動力導輪，作為排除障礙物用。一開始前方導輪是固定的，後來變成為一個活動轉向架，火車就不怕在彎道出軌。

這樣的火車，在美國描述該時期的電影裡經常可以看到，這款蒸汽機車被稱為 American 的車軸組態，華式分類為 4-4-0，UIC 分類為 (2'B)，代表該火車單邊前方有兩個導輪，火車有兩個動軸，後方沒有從輪承載鍋爐，沒有後退的導輪可使用，不利作為水櫃式機車。例如日本的蒸汽火車 5540，軌距為 1067mm，

❶ 奧地利蒸汽火車 254 號，車軸組態為 4-4-0，UIC 分類為 (2B)，前方導輪是固定的，軌距為 1435mm。

❷ 奧地利蒸汽火車 Steinbruck，車軸組態為 4-4-0，UIC 分類為 (2B)，前方導輪是固定的，軌距為 1435mm。

❸ 美國鐵路蒸汽火車 CRR of NJ 592，車軸組態為 4-4-2，UIC 分類為 (2'B1')，軌距為 1435mm。

❹ 印度鐵路蒸汽火車 EM922，車軸組態為 4-4-2，UIC 分類為（2'B1'），軌距為 1676mm。

❺ 日本的蒸汽火車 5540，近似台鐵的 BT40 型，車軸組態為
4-4-0，UIC 分類為（2'B），前方導輪是活動的，軌距為
1067mm。

❻ 日本的蒸汽火車 1080，車軸組態為 4-4-2T，UIC 分類為
（2' B1'）T，前方與後方導輪都是活動的，軌距為 1067mm。

車軸組態為 4-4-0，前方導輪是活動的，近似台鐵的
BT40 型。

　　後來，隨著 American 的車軸組態的改良，發展出
華式分類為 4-4-2，UIC 分類為（2'B1'），後方有增加
一個從輪承載鍋爐，也可當成後退的導輪使用，這就
是 Atlantic 的車軸組態。有後退的導輪可使用，可為
水櫃式機車，例如日本的蒸汽火車 1080，車軸組態為
4-4-2T 即是。

英國的 SC&CR 737 號蒸汽火車，
車軸組態為 4-4-0，軌距為 1435mm。

❶ 德國巴伐利亞的特快蒸汽機車 S2/6，軌距為 1435mm。今日保存在紐倫堡鐵道博物館。

JUBILEE ④─④─④ (2'B2') 輪軸排列 ●●─⊕⊕─●●

　　蒸汽機車被稱為 Jubilee 的車軸組態，華式分類為 4–4–4，UIC 分類為（2'B2'），代表該火車單邊前方有兩個導輪，火車有兩個動軸，後方有兩個從輪承載鍋爐，也可當成後退的導輪使用。除了兩顆大動輪，蒸汽機車前後，都配備高速化的導輪概念，也就是十九世紀末的特快車，在此出現了。

❷ 巴伐利亞的特快蒸汽機車 S2/6 的模型，從側邊可以窺見其車軸組態為 4–4–4。★

　　然而，蒸汽機車開始邁向大型化，裝上大功率的鍋爐，過去迷信兩顆大動輪的發展。不過兩動輪的蒸汽機車發展到最後，在車軸組態為 4–4–4 之後邁向終結。具有代表性的實例，就是德國巴伐利亞的特快蒸汽機車 S2/6（S: Schnellzug 特快），後來發展特快蒸汽機車 S3/6，車軸組態為 4–6–2，性能更優越。可參閱第四章內容。

三動軸蒸汽機車
——黃金的年代

SIX—WHEEL—SWITCHER
⓪—⑥—⓪（Ⓒ）

輪軸排列 ◯◯◯

人類從十九世紀末邁入二十世紀，加上過熱式蒸汽機車被發明，蒸汽機車開始邁向大型化，裝上大功率的鍋爐。除了支線或調度用途，幹線上兩動軸蒸汽機車已嫌落伍，開始發展三動軸蒸汽機車以提高牽引力，提高行車速度，人類正式進入蒸汽機車的「黃金年代」。

蒸汽機車被稱為 Six–Wheel–Switcher 的車軸組態，華式分類為 0–6–0，UIC 分類為（C），代表該火車單邊前方沒有導輪，火車有三個動軸，後方沒有從輪承載鍋爐，沒有後退的導輪可使用。如果不強調速度，這款蒸汽機車十分實用，製造遍布全世界，台灣的台糖小火車，多數屬於 0–6–0 車軸組態。而英國的湯瑪士小火車一號，應該是 0–6–0T 該類型火車中全世界最知名的，因為大人與小孩都認識它啊！

❸ 印度的 O&RR 26 號蒸汽火車，車軸組態為 0–6–0，軌距為 1676mm。

❹ 羅馬尼亞的 CFR763-148 號蒸汽火車，車軸組態為 0–6–0，軌距為 760mm。

❺ 英國的 SC&CR 592 號蒸汽火車，車軸組態為 0–6–0，軌距為 1435mm。

❻ 英國的湯瑪士小火車一號，車軸組態為 0–6–0T，是該類型火車中，全世界最知名的。★

❶ 日本青梅鐵道博物館，明治時期 B6 型 2221 號蒸汽機車，車軸組態為 0-6-2T，軌距為 1067mm。

FORNEV ⓪-⑥-② (C1') 　 輪軸排列 ◯◯◯●

　　有鑑於前述 0-6-0 蒸汽機車，打開蒸汽機車實用化之門。不過，如果想要讓蒸汽機車，裝大一點的鍋爐與水箱，並且放大駕駛室，就得增加一軸導輪，車軸組態為 2-6-0T 的設計，就應運而生。

　　蒸汽機車被稱為 Fornev 的車軸組態，華式分類為 0-6-2，UIC 分類為（C1'），代表該火車單邊前方沒有導輪，火車有三個動軸，後方有一個從輪承載鍋爐，也可當成後退的導輪使用。日本明治時期 B6型，成為台鐵的 CK80 型，德國 Koppel 公司生產的 C1'n2t，變成台糖的 650 號蒸汽火車，就是這款車軸組態。

❷ 台糖復駛的蒸汽火車 650 號，車軸組態為 0-6-2 T，軌距為 762mm。

❸ 印度鐵路 NWR，ST707，車軸組態為 0-6-2T，軌距為 1676mm。

有鑑於前述 0–6–0 蒸汽機車，打開蒸汽機車實用化之門，三動軸的蒸汽機車蔚為流行。不過，沒有導輪的 0–6–0 蒸汽機車，很容易在急彎道，因為輾到障礙物而出軌，湯瑪士小火車的電影，還特別演過這一集故事呢！

因此，以 0–6–0 蒸汽機車為基礎，前面加一軸導輪，火車就不怕在急彎道，因為輾到障礙物而出軌，於是蒸汽機車被稱為 Mogul 的車軸組態就誕生了。華式分類為 2–6–0，UIC 分類為 1'C，代表該火車單邊前方有一個導輪，火車有三個動軸，後方沒有從輪承載鍋爐，就以第三動輪去承載。

這款蒸汽機車十分實用，幾乎是全世界三動軸蒸

❹ 瑞士的蒸汽機車 SBB Zentralbahn 208 號，車軸組態為 2-6-0T，軌距為 1000mm。

汽機車製造數目最多的,客貨兩用蒸汽火車。例如日
本小樽鐵道博物館,保存北海道開拓時期,美國製6
號「靜」蒸汽機車;日本「大正名機」8620號,後來
變成台鐵的CT150型蒸汽機車,這款可是台灣鐵道史
上數目最多的蒸汽火車,高達43輛。

❶ 日本小樽鐵道博物館,美國製6號「靜」
蒸汽機車,車軸組態為2-6-0,軌距為
1067mm。

❷ 日本大正名機8620號蒸汽機車,車軸組
態為2-6-0,軌距為1067mm。

③ 日本的蒸汽火車 C12 型，真岡道的名機 C1266，車軸組態為 2-6-2T，軌距為 1067mm。

④ 台灣鐵道的復駛名機 CK 124，源自日本蒸汽火車 C12 型，車軸組態為 2-6-2T，軌距為 1067mm。

⑤ 土耳其的蒸汽火車 TCDD 3558，車軸組態為 2-6-2T，軌距為 1435mm。

⑥ 匈牙利的蒸汽機車 MAV 375.1032，車軸組態為 2-6-2T，軌距為 1435mm。

PRAIRIE ②—⑥—② (1'C1')

輪軸排列 ●─○○○─●

　　隨著蒸汽火車發展大型化，對於速度的要求越來越高，於是鐵路工程師想到將 Fornev 0-6-2 的車軸組態，與 Mogul 2-6-0 的車軸組態結合起來，如此這款蒸汽機車，就同時具備以上兩者的優點。

　　於是被稱為 Prairie 車軸組態的蒸汽機車誕生了，華式分類為 2-6-2，UIC 分類為 (1'C1')，代表該火車單邊前方有一個導輪，火車有三個動軸，後方有一個從輪承載鍋爐，也可當成後退的導輪使用。因為火車的導輪是前後對稱的，所以這款火車特別適合使用於水櫃式蒸汽機車，用於支線與調度比較有利，因此世界各國水櫃式的蒸汽機車類型特別多。如同草原（Prairie）之意，在草原上奔跑，輕快來去自如。

❶ 日本的蒸汽火車 C11 型，JR 北海道的名機 C11207，軌距為 1067mm。

ADRIATIC ②—⑥—④ (1'C2')　輪軸排列 ●○○○●●

　　設計蒸汽機車的工程師，他們知道一個法則。火車前面的導輪增加一軸，這個轉向架可以讓火車過彎速度加快，有利發展高速型機車。如果火車後面的導輪增加一軸，這個轉向架，可以用來裝更大的鍋爐，輸出功率可以提高，火車可以更有力。不過，如果火車的尺寸大小是固定的，這個時候，到底增加在前面，還是增加後面，這就取決於設計蒸汽機車的工程師如何取捨了。

　　於是，蒸汽機車被稱為 Adriatic 的車軸組態誕生了，華式分類為 2–6–4，UIC 分類為（1'C2'），代表該火車單邊前方有一個導輪，火車有三個動軸，後方有兩個從輪承載較大的鍋爐，也可當成後退的高速導輪使用。這款蒸汽火車最有名的，莫過於日本鐵道的

❷ 日本的蒸汽火車 C11 型，大井川鐵道的名
　機 C11227，軌距為 1067mm。
❸ 日本的蒸汽火車 C11 型的第一部 C111，車
　軸組態為 2-6-4T，後方有兩個從輪承載鍋
　爐、煤炭櫃與水箱。

C11 型，車軸組態為 2-6-4T，後方有兩個從輪，可
以承載較大的鍋爐、煤炭櫃與水箱，相當於車軸組態
為 2-6-2T C12 型的強化版。如今，日本 C11 型是水
櫃式蒸汽機車復活數目最多的一種，具有舉足輕重的
地位。大井川鐵道的名機 C11
型 227 號，就是 1975 年日本 JR
停駛蒸汽機車之後，日本 1976
年第一部復活的蒸汽火車。

TEN-WHEELER ④-⑥-⓪ (2'C)

輪軸排列 ●●◯◯◯

如前面所述，火車前面的導輪增加一軸，這個轉向架，可以讓火車過彎速度加快，有利發展高速型機車。於是，以 2-6-0 蒸汽機車為基礎，前面增加一軸導輪，搭配三個大動輪，所以初代高速客運用蒸汽機車，就此誕生。

蒸汽機車被稱為 Ten-Wheeler 的車軸組態，華式分類為 4-6-0，UIC 分類為 (2'C)，代表該火車單邊前方有兩個導輪，火車有三個動軸，後方沒有從輪承載鍋爐，也就是沒有後退的導輪可使用。顧名思義，Ten-Wheeler 就是十輪，該款蒸汽機車導輪與動輪的總數，就是十輪。

這款蒸汽火車不乏許多世界名車在內，例如英國知名的《哈利波特》小說中，霍格華茲列車原型 GWR 4900 Class 5972 Olton Hall，還有保存於莫斯科，前蘇聯的列寧靈柩列車，就是這個類型。

❶ 保存於莫斯科，前蘇聯的列寧靈柩列車，車軸組態為 4-6-0，軌距為 1524mm。
❷ 霍格華茲列車的原型，GWR 4900 Class 5972 Olton Hall。車軸組態為 4-6-0，軌距為 1435mm。
❸ 英國知名的 4003 LODG STAR，車軸組態為 4-6-0，軌距為 1435mm。

如前面所述，以 2–6–0 蒸汽機車為基礎，前面的導輪增加一軸，這個轉向架，可以讓火車過彎速度加快，有利發展車軸組態為 4–6–0 高速型機車。但是，如果考慮到鍋爐的問題，窄軌的車架空間就是不夠大，甚至需要裝更大的鍋爐，讓功率足以匹配。這時在火車後面的導輪，增加一軸，這個轉向架，可以用來裝更大的鍋爐，輸出功率可以提高，這就是 Pacific 蒸汽機車的誕生。

被稱為 Pacific 的蒸汽機車車軸組態，華式分類為 4–6–2，UIC 分類為 (2'C1')，代表該火車單邊前方有兩個導輪，火車有三個動軸，後方有一個從輪承載鍋爐，也可當成後退的導輪使用。Pacific 蒸汽機車的組態，被喻為人類史上最完美客運用高速蒸汽機車的

④ 日本陸軍輸送到泰緬鐵路的蒸汽火車 804 號，車軸組態為 4–6–2，軌距為 1000mm。

英國的蒸汽火車 LNER class A4，
名機 UNION OF SOUTH AFRICA。
車軸組態為 2'C1'h3v，軌距為 1435mm。

設計，不分軌距，不分國家，遍布全世界。

　例如台灣的蒸汽火車 CT250 型，源自日本的蒸汽火車 C55 型；台灣的蒸汽火車 CT273 型，源自日本的蒸汽火車 C57 型，這都是台灣史上最快的蒸汽機車。英國的蒸汽火車 LNER class A4，創下世界速度最快紀錄 202.4 公里的 4472 Mallard 號，車軸組態為 2'C1'h3v（複式汽缸），都是 Pacific 蒸汽機車的家族。Pacific 代表太平洋，也就是火車橫越大陸從大西洋到太平洋，由此可見這個名稱對速度讚美的隱喻。

❶ 日本的蒸汽火車 C57 型的名機
　C57180，車軸組態為 4-6-2，軌
　距為 1067mm。

❷ 台灣的蒸汽火車 CT 250 型，源自
　日本的蒸汽火車 C55 型，車軸組
　態為 4-6-2，軌距為 1067mm。

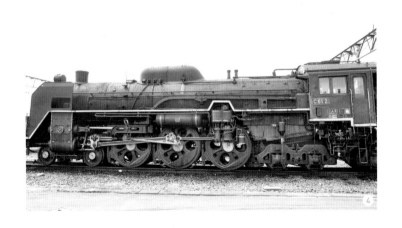

③ 土耳其的水櫃式蒸汽機車 TCDD 3705，車
　軸組態為 4-6-4T，軌距為 1435mm。

④ 日本的 C61 型蒸汽機車，車軸組態為 4-6-
　4，軌距為 1067mm。

BALTIC ④-⑥-④ (2'C2')　輪軸排列 ●●○○○○○●●

　　如前面所述，三動軸的蒸汽機車，火車前面的
導輪增加為兩軸，這個轉向架，可以讓火車過彎速度
加快，有利發展高速型機車。如果火車後面的導輪增
加為兩軸，這個轉向架，可以用來裝更大的鍋爐，輸
出功率可以提高，火車可以更有
力。不過，如果火車的尺寸大小
是固定的，這個時候，到底增加
在前面，還是增加後面，這就是
看設計蒸汽機車的工程師如何取
捨了。但是如果最後決定兩個都
要呢？這就是 Baltic 波羅的海蒸
汽機車的誕生。

　　蒸汽機車被稱為 Baltic 的車

❶ 匈牙利 MAV 303.002 蒸汽機車，車軸組態為 4-6-4，軌距為 1435mm。

軸組態，華式分類為 4-6-4，UIC
分類為（2'C2'），代表該火車單邊
前方有兩個導輪，火車有三個動
軸，後方有兩個從輪承載鍋爐，也
可當成後退的導輪使用。基本上，
這種車軸組態被視為 Pacific 蒸汽機
車的強化版，裝特大的鍋爐，日本
的 C61 與 C62 型蒸汽機車，就是這
一類火車，C62 型創下日本最快蒸
汽機車時速 129 公里的紀錄。不過
這樣的設計，付出的代價是火車變

得更長，成本更高，所以產量遠不如 Pacific 蒸汽機車。

　　此外，因為它的導輪是前後對稱的，所以這款火
車也適合使用水櫃式蒸汽機車，用於支線，速度操作
比較有利。

❷ 澳大利亞新南威爾斯省 NSW Zig Zag Railway
水櫃式蒸汽機車，車軸組態為 4-6-4T，軌
距為 1435mm。

❸ 中國四川的嘉陽煤礦蒸汽火車，車軸組態為 0-8-0，軌距為 762mm。

四動軸蒸汽機車
——貨運的王者

EIGHT—WHEEL—SWITCHER

⓪-⑧-⓪（D）

輪軸排列 ⊖⊖⊖⊖

　　從二十世紀開始，加上過熱式蒸汽機車被發明，人類進入蒸汽機車的黃金年代。蒸汽機車開始邁向大型化，裝上大功率的鍋爐。當三動軸蒸汽機車發展到極限後，開始發展四動軸蒸汽機車，以提高牽引力。基本上，三動軸蒸汽機車會是理想的客貨兩用機車，而四動軸蒸汽機車是更理想的貨運用機車。

　　蒸汽機車被稱為 Eight–Wheel–Switcher 的車軸組態，華式分類為 0-8-0，UIC 分類為（D），代表該火車單邊前方沒有導輪，火車有四個動軸，後方沒有從輪承載鍋爐，沒有後退的導輪可使用。比較知名者，如德國的 BR81 型，車軸組態為 0-8-0T，以及 BR55 型蒸汽火車等等。

　　不過這種組態，比較受歡迎的是路線較差，強調牽引力，不強調速度的輕便鐵道體系。例如 Heeres-feldbahn Brigadelok 0–8–0T locomotive，德國的 BR99 型

❶ 德國的 BR55 型蒸汽火車模型，車軸組態為 0-8-0，軌距為 1435mm。★

輕便鐵道蒸汽火車，前蘇聯的窄軌蒸汽火車 Kch4 型和 Kp4 型，都是 600mm 軌距。還有東歐捷克斯洛伐克的斯柯達公司製造的 Kp4 型，有 750mm 與 762mm 兩種軌距。從 1952 年起由石家莊動力機械廠所製造的中國 C2 型蒸汽機車，762mm 軌距，該廠仿製前蘇聯的小型蒸汽機車，是一款非常知名的窄軌小火車，車軸配置 0-8-0，有四對小動輪，很快的遍布在中國鄉村地區、工礦企業，及森林鐵道，運行起來實在是非常的可愛，運用於中國四川的嘉陽煤礦蒸汽火車即是此類型蒸汽機車。

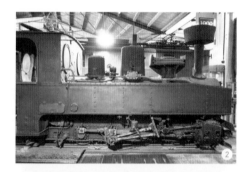

❷ 德國的 BR99 型輕便鐵道蒸汽火車，Heeres-feldbahn Brigadelok ，車軸組態為 0-8-0T，600mm 軌距。

❸ 前蘇聯的窄軌蒸汽火車 KP4 T159，車軸組態為 0-8-0，軌距為 600mm。

④ 塞爾維亞的蒸汽火車 JZ83-173，車軸組態為 0-8-2，軌距為 760mm。

⑤ 奧地利的蒸汽火車 OBB 83-076，車軸組態
為 0-8-2，軌距為 760mm。
⑥ 義大利的蒸汽火車 FS -p7，車軸組態為 0-
8-2，軌距為 760mm。

RIVER IRT ⓪－⑧－② (D1') | 輪軸排列 ○○○○●

　　如前所述，車軸組態為 0-8-0 蒸汽機車，很受
輕便鐵道體系歡迎。於是蒸汽機車增加一軸從輪，可
以將鍋爐與駕駛室加大，0-8-2 被稱為 Eight-Wheel-
Switcher 或是 River Irt 的車軸組態，華式分類為 0-8-2，
UIC 分類為 (D1')，代表該火車單邊前方沒有導輪，
火車有四個動軸，後方有一個從輪承載鍋爐，也可當
成後退的導輪使用。

　　這款火車固定使用於 760mm 軌距，相較於 JZ85-
045 車軸組態為 2-8-2，塞爾維亞的蒸汽火車 JZ83-
173，這種 0-8-2 車軸組態實用性佳，更受歡迎。奧地
利與義大利也使用這款蒸汽機車，他們稱之為「Club
760」的火車世界。

❹ 中國的蒸汽火車 KD55 型，源自日本的蒸汽火車 9600 型，車軸組態為 2-8-0，軌距為 1000mm。

CONSOLIDATION
② — ⑧ — ⓪ (1'D)

輪軸排列　●─○○○○

　　如前面所述，火車前面的導輪增加一軸，這個轉向架，可以讓火車過彎速度加快。於是，以 0-8-0 貨運用蒸汽機車為基礎，前面增加一軸導輪，搭配四個大動輪，讓速度與牽引力兼具，所以初代貨運用蒸汽機車，Consolidation 就此誕生。

　　蒸汽機車被稱為 Consolidation 的車軸組態，華式分類為 2-8-0，UIC 分類為 (1'D)，代表該火車單邊前方有一個導輪，火車有四個動軸，後方沒有從輪承載鍋爐，沒有後退的導輪可使用。這是一款非常實用的貨運用蒸汽機車，全世界大量製造，最知名者如英國製造的戰爭型蒸汽機車 LMS Stanier Class 8F 型，共製造 852 輛；以前者為藍本的簡化版，戰爭部門 WD

④ 英國的蒸汽火車 Scarborough SPA Express 48151，車軸組態 為 2-8-0，軌距為 1435mm。

④ 土耳其的蒸汽火車 TCDD45172，車軸組態為 2-8-0，軌距為 1435mm。

④ 台灣的蒸汽火車 DT580 型，源自日本的蒸 汽火車 9600 型，軌距為 1067mm。

Austerity 2-8-0 型，製造 935 輛。美國為了援助英國 的中東戰場，通過租借法案，製造戰爭型蒸汽機車 USATC S160 型，共製造 2120 輛，都是這款蒸汽火車。

　　亞洲的部分，代表者如日本的蒸汽火車 9600 型， 衍生出台灣的蒸汽火車 DT580 型，中國的蒸汽火車 KD5 與 KD55 型。

第 ③ 章　　一般用途的蒸汽機車　　四動軸蒸汽機車
　　　　　　General steam locomotive type　　Mikado 2-8-2 (1'D1')

日本的蒸汽火車 D51 型，這是日本鐵道很知名的
火車，車軸組態為 2-8-2，軌距為 1067mm。

MIKADO ②-⑧-② (1'D1')　輪軸排列 ⬤ ◯◯◯◯ ⬤

如前面所述，以 2-8-0 貨運蒸汽機車為基礎，前面的導輪增加一軸，這個轉向架，可以讓火車過彎速度加快。但是，如果考慮到鍋爐的問題，窄軌的車架空間就是不夠大，需要裝更大的鍋爐，讓功率足以匹配。這時在火車後面的導輪，增加一軸，這個轉向架，可以用來裝更大的鍋爐，輸出功率可以提高，成本提高，性能完美，這就是 Mikado 蒸汽機車的誕生。

蒸汽機車被稱為 Mikado 的車軸組態，華式分類為 2-8-2，UIC 分類為（1'D1'），代表該火車單邊前方有一個導輪，火車有四個動軸，後方有一個從輪承載鍋爐，也可當成後退的導輪使用。如同 Pacific 蒸汽機車的組態，被喻為人類史上最完美客運用蒸汽機車的設計，Mikado 蒸汽機車的組態，則被喻為人類史上最完美貨運用蒸汽機車的設計。Mikado 在台灣就是 DT668、日本 D51 型。D51 型蒸汽機車是日本鐵道很知名的火車，共製造 1115 輛等等，遍布全亞洲。其他國家如美國，歐洲諸國，都有 Mikado 這款車軸組態的蒸汽火車。

❷ 塞爾維亞的蒸汽火車 JZ85-045，車軸組態為 2-8-2，軌距為 760mm。

❸ 越南源自法國鐵路 SNCF141，越南蒸汽火車 141-158，軌距為 1000mm。

Mikado 蒸汽機車是很受歡的貨運用蒸汽機車,如果將鍋爐承載輪增加一軸,如此變成兩軸,可以裝更大的鍋爐,被稱為 Berkshire 的車軸組態。華式分類為 2-8-4,UIC 分類為 (1'D2'),代表該火車單邊前方有一個導輪,火車有四個動軸,後方有兩個從輪承載鍋爐,也可當成後退的導輪使用。

Berkshire 堪稱是 Mikado 蒸汽機車的功率強化版。日本、美國,歐洲諸國,都有 Mikado 這款車軸組態的蒸汽火車。例如美國的蒸汽火車 C&O Chesapeake and Ohio Railway K-4 class,羅馬尼亞的蒸汽火車 CFR142 型,印度的蒸汽火車 Y2 型等。日本最有代表性的,就是 D61 與 D62 型蒸汽機車。

④ 羅馬尼亞的蒸汽火車 CFR142072,車軸組態為 2-8-4,軌距為 1435mm。

⑤ 印度的蒸汽火車 Y2 型,車軸組態為 2-8-4T,軌距為 1668mm。

⑥ 美國的蒸汽火車 C&O Chesapeake and Ohio Railway K-4 class 2705,車軸組態為 2-8-4,軌距為 1435mm。

如前面所述,以 0–8–0 貨運蒸汽機車為基礎,前面的導輪增加一軸,這個轉向架,可以讓火車過彎速度加快,就是 2–8–0 Consolidation。如果前面的導輪增加為兩軸,讓火車能夠達到高速過彎的標準,這種就是 4–8–0 Twelve–Wheeler。

蒸汽機車被稱為 Twelve–Wheeler 或是 Mastodon 的車軸組態,華式分類為 4–8–0,UIC 分類為 (2'D),代表該火車單邊前方有兩個導輪,火車有四個動軸,

❶ 塞爾維亞的蒸汽火車 JZ11-02,軌距為 1435mm。

❷ JZ11-02 的車軸組態為 4-8-0,使用輻射型動輪,後方沒有從輪承載鍋爐。

118

第③章

一般用途的蒸汽機車
General steam locomotive type

四動軸蒸汽機車
Twelve-Wheeler 4-8-0 (2'D)

後方沒有從輪承載鍋爐。這樣的火車設計，已經不再是原來貨運蒸汽機車的概念，而是用於登山鐵道；較大的坡度，也能用較高的速度去行駛，所以連主動輪都配合加大。甚至學者認為 4–8–0 Twelve–Wheeler，是從 4–6–2 Pacific 蒸汽機車升級，將四軸的空間全部改為動力軸，成為高速的客貨兩用蒸汽機車。

4–8–0 Twelve–Wheeler 很受歐美標準軌國家歡迎，如塞爾維亞的蒸汽火車 JZ11 型，美國 Norfolk and Western Railway M class，沒有鍋爐空間限制的寬軌國家，更是喜歡使用這種類型，如西班牙的蒸汽火車 Renfe 240 型。

❸ 西班牙的蒸汽火車 Renfe 240 型，軌距為 1668mm。
❹ Renfe 240 型的車軸組態為 4-8-0，火車有 4 動軸，使用輻射型動輪。

❶ 法國的蒸汽火車 SNCF 241P 型，車軸組態為 4-8-2，軌距為 1435mm。

MOUNTAIN
④ - ⑧ - ② (2'D1')

輪軸排列

　　如前面所述，4-8-0 Twelve-Wheeler，是四軸為動力軸，可用於登山鐵道，對於較大的坡度，也能用較高的速度去行駛，成為高速的客貨兩用蒸汽機車。如果依照這個基礎再去強化，將鍋爐承載輪增加一軸，如此可以裝更大的鍋爐，被稱為 Mountain 4-8-2 的車軸組態。以 Mountain 為名，據說是來自美國蒸汽機車 USRA 4-8-2，為翻越阿勒格尼山（Allegheny Mountains）而命名。

　　蒸汽機車被稱為 Mountain 的車軸組態，華式分類為 4-8-2，UIC 分類為（2'D1'），代表該火車單邊前方有兩個導輪，火車有四個動軸，後方有一個從輪承載鍋爐，也可當成後退的導輪使用。這是非常受歡迎的登山鐵道專用蒸汽機車，世界各地都有，例如西班牙的蒸汽火車 Renfe 241F 型，法國的蒸汽火車 SNCF 241P 型，241A65 這款火車還參與了電影《東方快車謀殺案》的演出，停在冰天雪地裡。在美國鐵路，Mountain 蒸汽火車更是製造超過 2200 台以上，成為數目最多的美國的蒸汽火車。

❷ 西班牙的蒸汽火車 Renfe 241F 型，車軸組態為 4-8-2，軌距為 1668mm。

❸ 美國的蒸汽火車 USRA 4-8-2 UP 7007 Mountain 模型，以 Mountain 山為名，據說就是來自這型美國蒸汽火車。★

④ 美國的蒸汽火車 NYC Niagara 6005，車軸組態為 4-8-4，軌距為 1435mm。★

⑤ 中國的蒸汽火車 KF5 型，車軸組態 4-8-4，
軌距為 1435mm。

Mountain 的車軸組態 4-8-2，已經十分良好，廣受歡迎的登山鐵道蒸汽機車。當然，如果不考慮經濟規模，依照這個基礎再去強化，將鍋爐承載輪增加為兩軸，如此可以裝更大功率的鍋爐，加入「Super Power」的概念，被稱為 4-8-4 的車軸組態。這樣等於是將四動輪蒸汽機車的設計推到極致：動輪四軸、導輪四軸，前後已經沒有辦法再增加車軸了。

蒸汽機車被稱為 Northern 或是 Northern Confederation 的車軸組態，是有原因的，起源於美國北方鐵路公司，對於貨運列車翻越阿帕拉契山脈的需求。它的華式分類為 4-8-4，UIC 分類為 (2'D2')，代表該火車單邊前方有兩個導輪，火車有四個動軸，後方有兩個從輪承載鍋爐，也可當成後退的導輪使用。

這也是廣受歡迎的登山鐵道專用蒸汽機車，尤其是路線準較高的寬軌體系，例如澳大利亞 VR H class，前蘇聯的蒸汽火車 P36 型。

❶ 印有前蘇聯的蒸汽火車 P36 的郵票。
❷ 前蘇聯的蒸汽火車 P36 型，車軸組態為 4-8
－4，軌距為 1524mm。

美國 NYC 的蒸汽火車，還將此類火車命名為尼加拉
（Niagara），代表從紐約到尼加拉五大湖區的路線，知
名的 Union Pacific 844, class FEF-3，被譽為「動態保存
的傳奇」（Living Legend），是家喻戶曉的蒸汽火車。中
國鐵路知名的蒸汽火車 KF5 型，也是此類 Northern 的
蒸汽火車。

③ 德國的 BR94 型蒸汽火車輸出到東歐，變成
　羅馬尼亞 CFR94649，軌距為 1435mm。

④ 德國的蒸汽火車 BR94 型的模型，車軸組態
　為 0-10-0T。★

五動軸蒸汽機車
——登山的主力

TEN—WHEEL—SWITCHER	0	10	0	E

輪軸排列 ◯◯◯◯◯

　　如前面所述，蒸汽火車的動軸數，牽涉到火車的牽引力，所以從兩動軸，三動軸，發展到四動軸蒸汽機車，已經是十分理想的貨運用機車。但是，隨著人們對於貨運列車必須翻山越嶺的要求提高，在山岳鐵道的大坡度上，必須能夠牽引更多的車廂，甚至還要提高速度。這已經不是四動軸的極限，Northern 4-8-4 的蒸汽火車所能克服的。

　　於是，發展五動軸蒸汽機車，

是勢不可擋的需求。這款蒸汽機車被稱為 Ten-Wheel-Switcher 的車軸組態，華式分類為 0-10-0，UIC 分類為 (E)，代表該火車單邊前方沒有導輪，火車有五個動軸，後方也沒有從輪承載鍋爐，沒有後退的導輪可使用，顧名思義 Wheel-Switcher 有十輪之多。

此時體型龐大的蒸汽機車已經成為一種趨勢。例如德國的 BR94 型蒸汽火車，日本的蒸汽火車 4110 型，衍生為台鐵 EK900 型，都是 Ten-Wheel-Switcher 十輪的車軸組態。

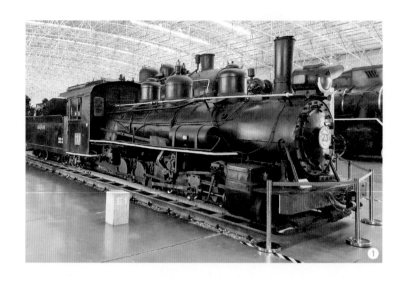

❶ 中國雲南的個碧石鐵路，23 號蒸汽火車，車軸組態為 0-10-0，軌距為 600mm。
❷ 日本的蒸汽火車 4110 型，車軸組態為 0-10-0T，軌距為 1067mm。

一般用途的蒸汽機車
General steam locomotive type

五動軸蒸汽機車
Ten-wheel-Switcher 0-10-0(E)

用於山岳鐵道的 Ten-Wheel-Switcher 10 輪型的出現，蒸汽機車發展到五動軸是勢不可擋。尤其是二十世紀初，伴隨著許多戰爭的爆發，軍事輸送的需求大增，體型龐大的貨運蒸汽機車，已經成為一種趨勢。

但是很快的，人們就發現，Ten-Wheel-Switcher 有一個重大的毛病，第一軸車輪很容易在彎道行駛出軌，除非可以減慢速度。但是蒸汽機車在山岳鐵道的大坡度上，減慢速度是危險且沒有效率的事。所以，如果能夠以 0-10-0 貨運蒸汽機車為基礎，前面的導輪增加一軸，這個轉向架可以讓火車更容易過彎，即使壓到障礙物，也不容易出軌。於是，2-10-0 Decapod 這款劃時代的蒸汽機車，便在此一時空背景下誕生。

蒸汽機車被稱為 Decapod 的車軸組態，華式分類為 2-10-0，UIC 分類為（1'E），代表該火車單邊前方有一個導輪，火車有五個動軸，後方也沒有從輪承載

❸ 德國 BR50 型的蒸汽火車輸出到東歐，變成羅馬尼亞 CFR150.1100 型，車軸組態為 2-10-0，軌距為 1435mm。

鍋爐，沒有後退的導輪可使用。這款蒸汽機車是全球產量最高的，以標準軌來說，光是德國 BR50 型生產總數多達 3160 輛，簡化版 BR52 型生產總數多達 6719 輛，放大版 BR42 型生產總數達 935 輛，三款火車的總數超過一萬輛。英國的蒸汽火車

class 9F Evening star 是英國最後生產的蒸汽機車，也是 2–10–0 的車軸組態。此外，俄羅斯的 L 型，Russian Decapod class E（Ye）型，1524mm 軌距，這些世界名車都是 Decapod。

❶ 英國的蒸汽火車 class 9F Evening star 的模型，車軸組態為 2–10–0。★
❷ 英國的蒸汽火車 class 9F Evening star 92220，軌距為 1435mm。原車保存於英國約克鐵道博物館。

❸ 德國 HSB BR99 型的蒸汽火車，車軸組態為 2-10-2T，軌距為 1000mm。

❹ 德國 BR85 型的蒸汽火車，成為土耳其 TCDD 5701 Class，車軸組態為 2-10-2T，軌距為 1435mm。

SANTA FE ② – ⑩ – ② (1'E1')

輪軸排列 ● ○○○○○ ●

　　Decapod 這款車軸組態蒸汽機車是全球產量最高的貨運蒸汽機車。不過，如果不考慮經濟規模，依照 2-10-0 這個基礎再去強化，增加鍋爐承載輪為兩軸，如此可以裝更大功率的鍋爐，這樣的強化版，被稱為 2-10-2 的車軸組態。

　　被稱為 Santa Fe 的車軸組態，在 1903 年誕生，顧名思義，Santa Fe 這個名字，來自美國聖塔菲鐵路（Atchison, Topeka and Santa Fe Railway, AT&SF）這家公司。華式分類為 2-10-2，UIC 分類為 (1'E1')，代表該火車單邊前方有一個導輪，火車有五個動軸，後方有一個從輪承載鍋爐，也可當成後退的導輪使用。

　　這類蒸汽火車除了美國鐵道採用之外，其他國家

的登山鐵道也喜歡採用。窄軌如德國 HSB BR99 型的蒸汽火車，車軸組態為 2-10-2T，如今依然每天運行著。以標準軌來說，德國 BR85 型、BR95 型的蒸汽火車很有名，BR85 型還成為土耳其國家鐵路（TCDD, Turkish Republic Railways）5701 Class。奧地利 OBB 95 的蒸汽火車，是德國 BR95 型的同型車，曾經在世界文化遺產薩瑪琳鐵道（Semmeringbahn）運行，如今保存於 Payerbach–Reichenau 站。寬軌者如俄羅斯的 FD 型，1524mm 軌距，更是橫越西伯利亞鐵路的名車。

❶ 土耳其 TCDD 57001 Class，德國 Krupp 製造的蒸汽火車，車軸組態為 2-10-2，軌距為 1435mm。

❷ 奧地利 OBB 95 的蒸汽火車，是德國 BR95 型的同型車，車軸組態為 2-10-2T，軌距為 1435mm。

❸ 日本的蒸汽火車 E102，這種火車是日本鐵道很知名的火車。軌距為 1067mm。

❹ 後方有 2 個從輪用來承載鍋爐，也可當成後退的導輪使用。

❺ 這款蒸汽火車的車軸組態為 2-10-2，火車有 5 動軸的特寫。

TEXAS ② — ⑩ — ④ (1'E2')

輪軸排列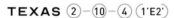

　　如前面所述，如果 2-10-2 蒸汽火車，依照這個基礎再去強化，增加鍋爐承載輪為兩軸，如此可以裝更大功率的鍋爐，被稱為 2-10-4 的車軸組態。

　　該蒸汽機車被稱為 Texas 的車軸組態，華式分類為 2-10-4，UIC 分類為（1'E2'），代表該火車單邊前方有一個導輪，火車有五個動軸，後方有兩個從輪承載鍋爐，也可當成後退的導輪使用。這類蒸汽火車除了美國鐵道之外，日本的蒸汽火車 E10 型也是，這種火車是日本鐵道用於米原至北陸之間，很知名的登山用蒸汽火車。

　　2-10-4 的車軸組態，也有被反過來裝的 4-10-2 的車軸組態，重點在速度提升，這種被稱為 Southern Pacific，也就是南太平洋鐵路公司在 1925 年所提出。不過，比起 Texas 與 Southern Pacific，五動軸蒸汽機車的產量並沒有前面兩者來得多。

六動軸蒸汽機車
—— 動軸的極限

JAVANIC ②—⑫—② (1'F1')

輪軸排列 ●○○○○○○○○○○●

當五動軸蒸汽機車，要進階發展到六動軸時，這個時候火車工程師必須面對一個問題，就是火車取得較佳的牽引力，卻失去過彎的能力，兩者的取捨。於是，為了解決動輪數目過多的問題，關節式的蒸汽機車（Articulated steam locomotive type）也就應運而生。在下一個單元，就會專門探討這

個專題。

因此，無可諱言的，全世界蒸汽機車實用化類型，非關節式最多，就是六動軸，超過了都只是實驗的特例。首先，華式分類為 2–12–2，UIC 分類為（1'F1'），代表該火車單邊前方有一個導輪，火車有六個動軸，後方有一個從輪承載鍋爐，也可當成後退的導輪使用。這款蒸汽機車被稱為 Javanic 的車軸組態，正是因為這是屬於印尼當地爪哇的特產，故名 Javanic。

此外，華式分類為 2–12–4，UIC 分類為（1'F2'），代表該火車單邊前方有一個導輪，火車有六個動軸，後方有兩個從輪承載鍋爐，目前保加利亞的 BDZ46 03 型這款蒸汽機車被保存下來，它被稱為 Bulgaria 的車軸組態，也是因為這是屬於保加利亞當地的特產。由此可見，全球蒸汽機車的命名，如同生物學一樣；華式分類也類似生物學以足分目，用火車的輪軸數目來做標示，對研究蒸汽火車的人來說，是非常有用的資訊。

❸ 這款蒸汽機車被稱為 Bulgaria，保加利亞的 BDZ46.03 型的郵票。（圖片來源／朱慶忠）

❹ 保加利亞的蒸汽火車 BDZ46.03 型，車軸組態為 2-12-4。軌距為 1435mm。（圖片來源／維基百科）

來自英國的 Garratt 關節型蒸汽機車正牽引客車，穿越澳大利亞的森林。Garratt 的名稱，來自原創者英國工程師，赫伯特‧威廉‧加拉特（Herbert William Garratt, 1864～1913）。

關 節 式 的
ARTICULATED
STEAM LOCOMOTIVE TYPE
蒸 汽 機 車

第 4 章

四種關節類型的差異

當蒸汽火車面對複雜的地形，牽引列車翻山越嶺，為了增加牽引力，就是將火車的動輪數增加，以克服地形問題。然而火車的動輪數增加，卻會限制了過彎能力，尤其是窄軌體系，曲線半徑小，影響最大。

工程師於是把蒸汽火車動輪，拆成兩組轉向架，可以左右活動適應地形，有四個汽缸分成一前一後。如此，關節式的蒸汽機車就應運而生，優點就是好轉彎。關節型蒸汽機車，基本上可以分成 Mallet、Meyer、Fairlie、Garratt 四種。

❶ Fairlie 關節型蒸汽機車。原創者英國工程師，Robert Francis Fairlie（1830-1885）。
❷ 如鐵道模型所示，關節型蒸汽機車的優點，就是好轉彎。★

首先 Fairlie 是兩台蒸汽機車背對相連，形成類似連體嬰的樣子，最大的好處是火車抵達終點，即使沒有轉車台，也沒有需要轉向的問題。其次是 Mallet 蒸汽機車，就是把火車延長加大，把蒸汽火車動輪，拆成兩組轉向架，可以適應地形活動，是關節的蒸汽機車最實用與普遍的形式。

❸ Mallet 關節型蒸汽機車。原創者瑞士工程師，Jules T. Anatole Mallet（1837-1919）。
❹ Meyer 關節型蒸汽機車。原創者法國工程師，Jean-Jacques Meyer（1804-1877）。

不過，Mallet 蒸汽機車其實有兩種，不少是使用一氣到底的單式汽缸（UIC:h4），也有使用熱氣再循環的複式汽缸（UIC:h4v），前者的兩個汽缸會一樣大，後者的兩個汽缸會一大一小。而 Meyer 蒸汽機車，則是使用一氣到底的單式汽缸，某個程度上，可以將 Meyer 蒸汽機車，當成 Mallet 蒸汽機車的技術簡化版。

最後，體型最龐大的關節型蒸汽機車，就是 Garratt 蒸汽機車。這種火車多了一組水箱，一前一後，用動力轉向架帶動，續航力可以大幅度增加，是它最大的優點。Garratt 蒸汽機車大多用在沿線缺乏水補給的山地鐵路，如非洲沙漠與澳大利亞山區，當地水質不佳，也會使用 Garratt 蒸汽機車。

目前全世界最大的蒸汽機車是 Big Boy，重量高達 350 噸，加上煤水車，總重量 548 公噸，為世界第一，車軸配置 4–8–8–4，是 Mallet 蒸汽機車大小的極致。最大等級的 Garratt 蒸汽機車，是澳洲新南威爾斯省的 AD60，重量高達 264 公噸，車軸配置 4–8–4+4–8–4，是 Garratt 蒸汽機車大小的極致。

❶ Garratt 關節型蒸汽機車。原創者英國工程師，Herbert William Garratt（1864～1913）。

• 關節式的蒸汽機車 •

類型	鍋爐數目	水箱數目	動輪轉向架	類型	鍋爐數目	水箱數目	動輪轉向架
Fairlie	2	2	汽缸背對	Meyer	1	1	汽缸相對
Mallet	1	1	汽缸同向	Garratt	1	2	汽缸反向

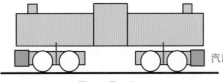

Type Fairlie

Type Meyer

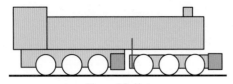

Type Mallet

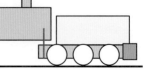

Type Garratt

汽缸

❷ 德國 HSB BR99 型 1000mm 軌距，Mallet 0-4-4-0 蒸汽火車的車隊。

MALLET ⓪─④─④─⓪ (B'B)

輪軸排列 ⊝⊝ ⊝⊝

BAVARIAN BB II

❸ 德國 HSB BR99 5901，是十分珍貴的蒸汽火車。

　　Mallet 0-4-4-0 蒸汽機車，是關節式蒸汽機車最小型的，UIC 分類為（B'）Bh4，代表蒸汽機車有四個汽缸，單邊有兩個動輪，前後沒有導輪。這種結構，也就是 Mallet 水櫃式蒸汽機車的基本款。

　　Mallet 蒸汽機車的原創者，阿納托利•馬利特（Jules T. Anatole Mallet, 1837～1919）是一位瑞士的工程師，他想要創造一款蒸汽機車四動輪，具備爬坡力並兼顧過彎能力，以克服瑞士阿爾卑斯山的地形。初代的蒸汽機車如瑞士的雷蒂亞鐵路（Rhaetian Railway）G 2x2/2，SCB Ed 2x2/2，UIC 分類（B'）Bh4v，有四個汽缸，並採用複式汽缸，稱為 Compound Mallet。後來這樣的蒸汽機車技術，傳到了德國巴伐利亞，比較有名的就是 Bavarian BB II，1899—1908 年製造，後來就是 BR98.7 型（DRG Class 98.7），所以 Mallet 0-4-4-0 的蒸汽機車，以 Bavarian BB 為名。

　　如今德國 HSB BR99 型，保存 Mallet 0-4-4-0 的 1000mm 軌距的車隊。這批 BR99 型蒸汽火車，前後的動輪結構不同，前面是內框形式，後面是外框形式，可以裝下更大的鍋爐，是十分珍貴的蒸汽火車。

① 德國 Mallet 0-6-6-0 的 LGB 蒸汽火車模型，原車保存於瑞士的布羅尼仙碧森林鐵道，很受歡迎。★

② 日本箱根御殿場線 9856 號 Mallet 0-6-6-0 的蒸汽火車。

MALLET ⓪─⑥─⑥─⓪ （C'C

輪軸排列 ⊖●●● ●●●⊖

ERIE

　　Mallet 0-6-6-0 蒸汽機車，是這類關節式蒸汽機車大型化的開始。UIC 分類 (C') Ch4，代表蒸汽機車有四個汽缸，單邊有三個動輪，前後沒有導輪，牽引力比 Mallet 0-4-4-0 好很多。

　　這款蒸汽火車尺寸較大，發展出煤水車式。不論是水櫃式或是煤水車式，都適合用於登山鐵路，兼顧過彎能力與爬坡力，世界各地都有，包含美國、德國、西班牙等。中國京張鐵路 1909 年通車，詹天佑就引進這款 Mallet 蒸汽機車，以翻越長城；日本過去的箱根御殿場線，引進這款 Mallet 蒸汽機車，如今 9856 號退役後，保存於日本大宮鐵道博物館。

③ 中國京張鐵路 23 號 Mallet 0-6-6-0 的蒸汽火車。

④ 西班牙 060-4013 號 Mallet 0-6-6-0 的蒸汽火車。

⑤ 美國 Mallet 2-6-6-2 的 C&O Chesapeake and Ohio Railway 1309 號
蒸汽火車，2021 年起在 Western Maryland Scenic Railroad 營運。

⑥ 印尼 CC5029 號 Mallet 2-6-6-2 的蒸汽
火車。

MALLET ②–⑥–⑥–② (1'C)C1'

輪軸排列 ●○○○ ○○○●

MALLET MOGUL

　　Mallet 2-6-6-2 蒸汽機車，無疑的是這類關節式
蒸汽機車最普遍的，UIC 分類為 (1'C) C1'h4，代表
蒸汽機車有四個汽缸，單邊有三個動輪，前後各一
個導輪，前方導輪便於轉彎，後方導輪作為鍋爐的
承載輪。因為相當於 Mogul 2-6-0 的組合，所以稱為
Mallet Mogul。

　　這款火車尺寸設計比較中庸，不論是水櫃式或是
煤水車式，都很適合用於登山鐵路，不但兼顧過彎能
力與爬坡力，火車速度也可以加快，所以遍布全球，

包含印尼、塞爾維亞、南非，蘇聯與美國。而德國 LGB 生產最大的 Mallet 蒸汽火車模型，就是 2-6-6-2T 美國猶他州 UINTAH RAILWAY 50 號，因為它可以適應庭園鐵道很小的轉彎半徑。

　　然而，Mallet 2-6-6-2 蒸汽機車最大的話題，是目前美國還有這款火車在營運。美國尼爾斯峽谷鐵路（Niles Canyon Railway），有一台 4 號 Baldwin Mallet 2-6-6-2T 水櫃式蒸汽機車營運；黑山中央鐵路（Black Hills Central Railroad）還有一台 108 號 Baldwin Mallet。另外有一台複式汽缸 class H-6，UIC 分類為（1'C）C1'h4v，Chesapeake and Ohio 1309 號在 2020 年完成修復，2021 年起在西馬里蘭觀光鐵路（Western Maryland Scenic Railroad）營運。

❶ 美國猶他州 UINTAH RAILWAY 50 號，Mallet 2-6-6-2T 的蒸汽火車模型，行駛在筆者交通科學技術博物館的庭園鐵道。★

・ BOX ・

德國 LGB 模型公司

LGB 德文為 Lehmann Gross Bahn，英文意思為 "Lehmann Big Train"，是許多德國家庭，都會收藏的大型火車模型，成為親子同樂的玩具，與庭園鐵道的場景品牌。該模型生產於 1968 年，至今已經有五十多年歷史，行銷全世界，也成為全世界的火車蒐藏家，典藏 45mm 軌距的德國品牌之一（另一款為 Märklin），後來 2007 年德國 Märklin 併購了 LGB 資產。因為這款模型的軌道堅固耐用，它的 R1 曲線半徑，也影響世界各國製造 45mm 軌距的模型火車。

❷ 美國 Niles Canyon Railway，動態保存一台 4 號
　 Mallet 2-6-6-2T 水櫃式蒸汽機車在營運。（范麗戈
　 攝影）

❸ 美國 class H-6 Great Northern 1902 號，Mallet
　 2-6-6-2 的蒸汽火車模型。★

❹ 美國 C&O 1397 號，Mallet 2-6-6-2 的蒸汽火
　 車模型。★

❶ 美國巴爾的摩鐵道博物館，1604 Allegheny Mallet 2-6-6-6 的蒸汽火車。

第④章　關節式的蒸汽機車
Articulated steam locomotive type │ Mallet 2-6-6-6（1'C）C3'
Allegheny

MALLET ②－⑥－⑥－⑥ (1'C)C3'

輪軸排列　●○○○　○○○●●●

ALLEGHENY

　　談到 Mallet 2-6-6-6 蒸汽機車，大家就想到美國鐵路，有一款傳奇火車 H-8 class「亞利加尼」（Allegheny），屬於切薩皮克與俄亥俄鐵路（Chesapeake and Ohio Railway, C&O）這家公司。亞利加尼位於美國阿帕拉契山脈（Appalachian）的東北部，取此名也就表示它是爬山專用的蒸汽機車。Mallet 2-6-6-6 是在 Mallet 2-6-6-2 的蒸汽火車的基礎上，裝上特大號的鍋爐，產生很大的功率，所以鍋爐的承載輪，從一軸大幅增加至三軸以資負荷。即使是 Big Boy 鍋爐的承載輪也只有兩軸，這是它獨一無二，超越 Big Boy 的地方。

　　這款 Allegheny 蒸汽機車，最常被提到的話題，就是與 UP Big Boy 的比較，大男孩（Big Boy）蒸汽機車重量高達 772250 磅，約 350 噸，Allegheny 重量高達 771300 磅，只少一點點。但是 Big Boy 因為有八個動軸，軸重 67800 磅，而 Allegheny 只有六動軸，軸重卻已達 67800 磅，Allegheny 無疑是世界軸重最重的蒸汽機車。

❷ 美國知名的蒸汽火車 Allegheny，蒸汽火車動輪特寫。

CHALLENGER

　　談到 Mallet 4-6-6-4 蒸汽機車，大家很容易就想到美國鐵路，有一批這樣的蒸汽機車族群，聯合太平洋挑戰者們（Union Pacific Challengers）。挑戰者 Whyte 車軸配置為 4-6-6-4，UIC 分類為（2'C）C2'h4，代表蒸汽機車有四個汽缸，單邊三個動輪，前後各有兩個導輪，前方兩導輪便於高速轉彎，後方兩導輪作為巨大鍋爐的承載輪。不過，相較於美國其他 Mallet 的蒸汽機車，Challenger 不再使用複式汽缸，而是使用單式汽缸，也就是前面的汽缸與後面的汽缸一樣大，效

❶ 挑戰者 UP X3985 曾經復駛，為當時全世界最大的蒸汽火車。（圖片來源／維基百科）

❷ 挑戰者整體結構與大男孩很像，只是車軸配
置為 4-6-6-4，但是車身一樣很長，都是巨
無霸。★

❸ 美國的知名的蒸汽火車挑戰者，Mallet 4-
6-6-4 Challenger 的蒸汽火車模型，UP
X3989 號。★

率比較高。

聯合太平洋鐵路公司的 UP X3980 系列，挑戰者們最有名的，無非是挑戰者 UP X3985，它曾經從 1981 年起復駛，為當時全世界保存最大型的蒸汽火車，世界各地的鐵道迷蜂擁而至，這樣的風光延續到 2010 年為止。2019 年起「聯合太平洋」復活了 Big Boy UP X 4014，有了交棒者，才讓挑戰者 UP X3985 在 2020 年退休。其實，挑戰者鍋爐的設計，火車整體結構與 Big Boy 很像，Big Boy 4–8–8–4 是挑戰者 4–6–6–4 的延長版。如今挑戰者與 Big Boy，都是聯合太平洋復活行駛的名車，而且美國已經在研究讓挑戰者再次復活呢！

❶ 這款 Mallet 0-8-8-0T 蒸汽火車，前面的汽缸，明顯比後面的汽缸大，前後採用複式汽缸的蒸汽火車。★

MALLET ⓪-⑧-⑧-⓪ (D'D)

輪軸排列

ANGUS

Mallet 0-8-8-0 蒸汽機車，雖然美國也有，故取名 Angus，但是大家都會不由自主想到，1913 至 1922 年德國所生產的 BR96 型，巴伐利亞的 Bavarian Class Gt 2×4/4，UIC 分類為 D'Dh4v，代表蒸汽機車有兩組複式汽缸，前面的汽缸，明顯比後面的汽缸大，而火車單邊前後各有四個動輪，前後沒有導輪，屬於大牽引力但是慢速的火車。

BR96 型這款蒸汽機車，也是德國鐵道史上最大型 Mallet 蒸汽機車，專門用於山岳地區的登山鐵路，最大坡度可以攀爬 40 ‰ 的陡坡，最高時速 50 公里。只是很可惜，在第二次世界大戰結束後，德國所生產的 BR96 型全部淘汰，如今沒有一台保存下來，如今只能在模型世界裡復駛，重溫昔日時光。

❷ 德國 BR96017 Mallet 0-8-8-0T 蒸汽火車模型。★
❸ 德國 BR96010 這款蒸汽火車是為登山鐵道發展的，可惜沒有保存下來。★

MALLET CONSOLIDATION

④ 美國的知名的蒸汽火車 Y6b，Mallet 2-8-8-2，Santa Fe 1793 號模型。★

⑤ 這款 Mallet 2-8-8-2 蒸汽火車，前面的汽缸，明顯比後面的汽缸大。★

⑥ 美國以 Mallet 2-8-8-2 為基礎，後來發展出這款升級版 Mallet 2-8-8-4，Yellowstone B&O EM-1 蒸汽火車。★

在二十世紀初，美國的蒸汽機車，有一批龐大的 Mallet 車隊 USRA 2-8-8-2，蒸汽機車後面都帶有獨立的煤水車，主要是因為各家鐵路公司，用於牽引長途貨運列車翻山越嶺。而這款蒸汽機車稱之為 Chesapeake 或 Mallet Consolidation，產量非常多，堪稱為實用型的代表。

這一批美式 Mallet USRA 2-8-8-2 蒸汽機車，以 Nor-folk & Western Y6 class 蒸汽機車最具代表性，時速可達 89 公里。華式分類為 2-8-8-2，UIC 分類為 (1'D) D1'h4v，蒸汽機車有兩組複式汽缸，左右各有兩缸，前面的汽缸明顯比後面的汽缸大。因為後面的汽缸是使用從鍋爐來的高壓蒸汽，汽缸直徑不用大，前面的汽缸則是使用再循環的低壓蒸汽，汽缸直徑要加大，才能使驅動力一致，前後平衡。這批蒸汽火車從 1909 年開始服役，遍布全美國，直到 1983 年全面退役。

後來這款 Mallet 2-8-8-2 逐步升級，發展出加大的鍋爐，有兩個承載輪的 Mallet 2-8-8-4，被稱為黃石公園 (Yellowstone) 蒸汽火車，用於牽引貨物列車翻山越嶺，尤其是巴爾的摩和俄亥俄鐵路 (Baltimore & Ohio, B&O) EM-1 蒸汽火車，UIC 分類為 (1'D) D2'h4v，在 1944 年 Big Boy 4-8-8-4 出現之時，與之分庭抗禮，表現極為出色。這兩類 Mallet 火車，堪稱是美國蒸汽機車的陸上王者。

SOUTHERN PACIFIC CAB FORWARD

目前全世界最特別的 Mallet 蒸汽機車，我想許多人都會想到這一台反頭式，美國南太平洋鐵路（Southern Pacific, SP）保存的駕駛室朝前版（cab forward）蒸汽火車。

基本上這款蒸汽機車的動輪組態，就是前面所述的黃石公園 Mallet 2–8–8–4 蒸汽火車，以用於牽引貨物列車翻越唐納山嶺（Donner Pass）。不過，南太平洋鐵路公司發現這類大型蒸汽機車，穿越長隧道時因為集煙的效應，容易造成駕駛室的人員窒息。於是把蒸汽機車反過來，駕駛室在前面，煙囪在後面，這樣就可以避免隧道集煙產生窒息的問題，於是駕駛室朝前版蒸汽火車被發明，先有 cab forward SP class MC–2，AC–1 誕生，後有 SP class AC–12 在 1944 年誕生。

不過，當蒸汽火車改成駕駛室朝前，那麼蒸汽火車如何加煤與加水，讓火車正常運作呢？南太平洋鐵路公司當然也想到了這點，這種蒸汽火車不使用燃煤，而是使用燃油鍋爐，加裝自動給油與給水系統，

❶ 世界知名，美國 Lionel 的火車模型，SP Cab Forward 4134 號反頭式蒸汽火車。★

②

② 美國的加州鐵道博物館，保存全球僅存的駕
駛室朝前版蒸汽火車 SP4924。

③ 這款蒸汽火車 Mallet 4-8-8-2，無非是將
Mallet 2-8-8-4 倒反過來開而已。★

③

問題就解決了。但是，相對的這台蒸汽火車的操作成
本會很高，所以其他的蒸汽火車並沒有跟風而改造，
從此 Southern Pacific cab forward Mallet locomotive，成
為鐵道界的特殊專有名詞。

在二戰結束之後，隨著鐵路動力柴油化，1955 ～
1958 年 Southern Pacific cab forward Mallet 蒸汽機車淘
汰停用，目前美國加州鐵道博物館（California State
Railroad Museum），保存全球僅存一輛的反頭蒸汽火車
SP4924。

　　目前全世界保存最大型的蒸汽機車，就是美國聯合太平洋鐵路的大男孩（Big Boy）。這款 Mallet 蒸汽機車，華式分類為 4-8-8-4，UIC 分類為 (2'D) D2'h4，代表蒸汽機車有四個汽缸，單邊四個動輪，前後各有兩個導輪，前方導輪便於高速轉彎，後方導輪作為巨大鍋爐的承載輪，機車重量高達 350 噸，加上煤水車，總重量 548 公噸，為世界第一，而車軸配置 4-8-8-4，這已經是 Mallet 蒸汽機車發展的極致，無法再更大了。

　　Big Boy 是美國聯合太平洋鐵路公司，在 1940 年代為了牽引貨物列車，翻越落磯山脈而研發，以 Cha-

❶ 美國的大男孩 Mallet 4-8-8-4 UP X4024 模型，注意前面的汽缸，與後面的汽缸一樣大。★

❷ 美國巴爾的摩鐵道博物館，保存的大男孩 Mallet 前期型 UP X4000 的模型。前期型 X4000-4019 於 1941 年製造，後期型 X4020-4024 於 1944 年製造。★

llenger 蒸汽火車為基礎，從 4–6–6–4 升級為 4–8–8–4，1941～1944 年共製造 25 台，二戰結束之後隨著鐵路動力柴油化，1962 年才淘汰停用，但是它在人類鐵路史上的不朽地位，卻是毋庸置疑的。

相較於美國其他 Mallet 的蒸汽機車，Big Boy 與 Challenger 有個很大的不同，Big Boy 不再使用複式汽缸，而是使用單式汽缸，前面的汽缸與後面的汽缸一樣大。好處是火車全程使用高壓蒸汽，速度與牽引力都會提升，壞處則是消耗蒸汽非常的大，必須裝配非常大功率的鍋爐，才足以匹配。2019 年，聯合太平洋鐵路公司修復了 UP Big Boy X4014，以取代 UP Challenger X3985 的蒸汽火車，全世界大型的蒸汽機車復駛，都是在美國鐵路的 UP，奠定聯合太平洋鐵路龍頭寶座的地位。

第 ④ 章

關節式的蒸汽機車
Articulated steam locomotive type

Mallet 4-8-8-4（2'D）D2'
Big Boy

當今世界最大的蒸汽火車，美國的大
男孩 Mallet 4-8-8-4 UP X4014。
（洪英正提供）

　　Meyer 蒸汽機車是法國工程師尚一雅克‧邁耶爾
（Jean-Jacques Meyer, 1804 ～ 1877）所發明。談到
Meyer 蒸汽機車，很容易與 Mallet 蒸汽機車混淆。其
實，就外觀來看，它與 Mallet 蒸汽機車是差不多的，
都是前後兩組汽缸，驅動兩組火車動輪。但是仔細一
看，兩者還是有差別的。

　　其實 Mallet 蒸汽機車有兩種的，不少是使用一氣
到底的單式汽缸，也有使用熱氣再循環的複式汽缸，
前者的兩個汽缸會一樣大，後者的兩個汽缸會一大一
小。不過 Meyer 蒸汽機車，多數就是使用一氣到底的
單式汽缸，而且為了讓高壓水蒸汽，進到汽缸的路程

❶ 保存於德國德勒斯登，世界稀有的 Meyer 蒸
汽機車 BR99586。注意它的汽缸一樣大，
並排在一起。

相較於 Mallet 蒸汽機車的族群龐大，Meyer 蒸汽機車卻少得可憐，真的是稀有物種，目前世界上保存並不多。例如保存於德國德勒斯登 BR99586，華式分類為 0-4-4-0，UIC 分類為 B'+B'h4，是世界稀有的 750mm 軌距的 Meyer 蒸汽機車。

此外，位於瑞士法語區，布羅尼仙碧保存鐵道（Chemin de Fer–Musée Blonay–Chamby/BC），有一台 1000mm 軌距 Meyer 蒸汽機車的除雪車，世界獨一無二，被稱為伯連納大怪獸，只有瑞士蓬特雷西納（Pontresina）與布羅尼仙碧兩處有。有時它會打開給民眾參觀，上面還有一個汽缸是用於轉動雪鏟，讓大家大開眼界。

一樣，使壓力達到一致，所以汽缸會並排在一起。這也是一般鐵路工程師，從外觀判斷 Mallet 與 Meyer 蒸汽機車的依據。

❷ 保存於瑞士的布羅尼仙碧森林鐵道，Meyer 蒸汽機車的除雪車。（張博凱提供）

❸ 注意這台 Meyer 蒸汽機車的除雪車，動輪前面的汽缸與後面的汽缸一樣大，上面還有一個汽缸是給轉動雪鏟用的。

FAIRLIE ⓪-④-④-⓪ (B'+B')

輪軸排列 ◯◯ ◯◯

　　Fairlie 蒸汽機車真的是世界稀有的種類，因為它就
是蒸汽火車世界中，知名的連體嬰。1860 年英國的威
爾斯，在那個沒有轉車台的初始年代，蒸汽火車到了
終點不用轉頭，只要駕駛轉身換方向開就可以了，如
此簡單而實用的概念，不只是趣味，更令人嘖嘖稱奇！

　　Fairlie 蒸汽機車的締造者，是一位誕生於英國格拉
斯哥的鐵路工程師羅伯特・弗朗西斯・費爾利（Robert

❶ 英國威爾斯當地，以這款奇特火車為標題的
　咖啡店招牌。

❷ 保存於英國費斯廷約格鐵路，知名的雙頭火
　車 0-4-4-0 Fairlie 10 號。大衛・勞合喬
　治（David Lloyd George）建造於 1991 年。

Francis Fairlie, 1830～1885），他於 1864 年取得專利，1865 年第一部 Fairlie double-bogie articulated locomotive 正式問世。而駕駛室沒有屋頂的 Little Wonder，1869 年出現在費斯汀尼鐵路，更使得他聲名大噪！因為是雙頭火車，所以如今 Fairlie 蒸汽機車，又稱為雙頭費爾利蒸汽機車（double Fairlie locomotives）。

其實 Fairlie 蒸汽機車的結構很簡單，就是把兩台水櫃式蒸汽機車，背靠背連在一起，拆開後隔板，從此駕駛室相通，火車可以雙向行駛。蒸汽火車駕駛室裡面的操作桿只有一支，司機推向一方即是前進，對另一方而言即是後退，操作沒有衝突的問題，而鍋爐的入口則改到火車另一側。

不過，Fairlie 的蒸汽火車動輪，並不是固定，而是可以左右轉動的，這也就是它被歸納為關節式蒸汽機車的原因，這樣也便於適應彎道地形。目前除了大英博物館，英國約克鐵道博物館有保存一台以外，目前也只有英國威爾斯費斯費斯汀尼鐵路還可以看到它動態保存，冒煙出來跟大家見面。

❸ Fairlie 的蒸汽火車中間駕駛室，操作桿只有一支，推向一方即是前進，對另一方蒸汽火車即是後退。

❹ Fairlie 的蒸汽火車動輪不固定，而是可以左右轉動的。

GARRATT ⓪–④–⓪+⓪–④–⓪ B'+B'

輪軸排列 ⊙⊙ ⊙⊙

TGR K CLASS

談到 Garratt 蒸汽機車，不能忽略這位英國的天才火車發明家赫伯特·威廉·加拉特（Herbert William Garratt, 1864～1913），他於 1908 年取得專利，授權給英國拜爾孔雀公司（Beyer, Peacock & Co. Ltd）製造。蒸汽機車駕駛室在中間，有兩組汽缸，前後各有兩個動輪，與兩個獨立水箱。華式分類為 0–4–0+0–4–0，UIC 分類為 B'+B'h4v，可以延長火車的續航力。

製造之初，一開始這款 Garratt 在世界火車分類學上沒有專門的名稱，因為被用於塔斯馬尼亞島的登山鐵路，1909 年由英國拜爾孔雀機車公司所製造，在澳大利亞被稱為塔斯馬尼亞鐵路（Tasmanian Government Railways, TGR）K class，是屬於輕便鐵道 610mm 軌距的小火車。目前全世界實車保存不多，K class 目前動態保存於英國威爾斯高地鐵路（Welsh Highland Railway, WHR）；而放大版的 D class，運用於世界文化遺產印度 DHR 登山鐵道。他的類似形式，目前動態保存於阿根廷南部的 FCAF 火地島鐵路。

❶ 最小型的 Garratt 蒸汽火車，0–4–0+0–4–0 TGR K class 模型，用於塔斯馬尼亞島的登山鐵路。★
❷ 這款 Garratt 蒸汽機車，曾經動態保存於英國威爾斯高地鐵路。★

因為 0–4–0+0–4–0 是 Garratt 蒸汽機車最小的一種，所以可以適用於曲線小半徑的登山鐵路，在模型世界也頗受歡迎，可以走半徑很小的鐵道場景。不過，這款蒸汽火車帶有實驗性質，產量很少，後來被改良成 2–4–0+0–4–2，才慢慢流行開來。

❸ 英保存於澳大利亞普芬比利鐵路，最大型的 Garratt 2-6-0+0-6-2 蒸汽火車 G42。

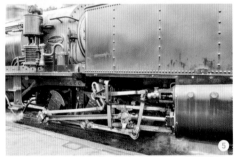

❹ Garratt 蒸汽機車的駕駛室特寫。
❺ Garratt 蒸汽機車的動輪特寫，屬於外框結構。
❻ Garratt 蒸汽機車的空氣壓縮機與銘版特寫，火車是 1926 年英國拜爾孔雀機車公司製造。

GARRATT ②-⑥-⓪+⓪-⑥-② (1'C+C1')

輪軸排列 ●○○○ ○○○●

DOUBLE MOGUL

　　Garratt 蒸汽機車，華式分類為 2-6-0+0-6-2，UIC 分類為 1'C+C1'h4，蒸汽機車有四個汽缸，在世界火車分類學上被稱為 Double Mogul，換言之，就是兩組 Mogul 2-6-0 蒸汽機車組合起來，相較於前者 0-4-0+0-4-0 Garratt 或是 0-6-0+0-6-0 Garratt，兩副三動輪再加上導輪，它的車身長，體型要大很多。

　　目前保存於澳大利亞普芬比利鐵路（Puffing Billy Railway），最大型的 Garratt 2-6-0+0-6-2 蒸汽火車 G42，是屬於輕便鐵道 762mm 軌距的火車，1926 年英國拜爾孔雀機車公司所製造，搭配外框結構，使動輪更利於轉彎。這是去澳大利亞普芬比利鐵路搭火車，不可錯過的大怪物！

❶ 原本屬於非洲 SAR 鐵道 NG G13 class，動態保存於英國威爾斯高地鐵路的 Garratt 蒸汽機車 No.138。

GARRATT ②－⑥－②＋②－⑥－② (1'C1'+1'C1')

輪軸排列 ●◯◯◯●　●◯◯◯●

DOUBLE PRAIRIE

　　Garratt 蒸汽機車，華式分類為 2-6-2+2-6-2，UIC 分類為 1'C1'+1'C1'h4，蒸汽機車有四個汽缸，比起前者 0-6-0+0-6-0 Garratt，前後各多一個導輪，便於轉彎，在世界火車分類學上被稱為 Double Prairie，兩個草原型蒸汽機車的組合。

　　這款蒸汽火車最有名的實車案例，莫過於非洲南非鐵道（South African Railway, SAR），610mm 軌距的 NG G13 class，是 1927 至 1928 年在德國漢諾威機車廠製造，用於非洲缺水的山地。後來 NG G13 class No.138 被帶回英國，於英國威爾斯高地鐵路動態保存，牽引客車爬山十分有力，頗受歡迎。另外還有上述的同型車 No.83，靜態保存於德國柏林科技博物館，成為德國柏林唯一典藏的 Garratt 蒸汽機車。

❷ Garratt 蒸汽機車的駕駛室特寫，屬於威爾斯高地鐵路。

❸ 非洲 SAR 鐵道 NG G13 class，No.83 靜態保存於德國柏林科技博物館。

❹ 靜態保存於泰國的泰緬鐵路，Garratt 2-8-2+2-8-2 蒸汽機車 No.457。

❺ 印有南非這款 Garratt 2-8-2+2-8-2 蒸汽火車的郵票。

❻ 動態保存於南非的 Garratt 2-8-2+2-8-2 蒸汽機車 No.611。（曾翔提供）

GARRATT ②-8-②+②-8-② (1'D1'+1'D1')
輪軸排列 ●─◯◯◯◯●● ●◯◯◯◯●

DOUBLE MIKADO

Garratt 蒸汽機車，華式分類為 2-8-2+2-8-2，UIC 分類為 1'D1'+1'D1'h4，蒸汽機車有四個汽缸，在世界火車分類學上被稱為 Double Mikado。顧名思義，就是兩組 Mikado 2-8-2 蒸汽機車組合起來。Mikado 2-8-2 在日本就是 D51 型，在台灣就是最大蒸汽火車 DT650 型，如今這是兩台最大蒸汽火車組合在一起，真的已經到達怪物的等級。

這款蒸汽機車，是英國拜爾孔雀機車公司所製造，從 1000mm 軌距到 1676mm 軌距都有，足跡遍布世界各地。最小的 1000mm 米軌版，目前還看得到的有 No.457 蒸汽機車，靜態保存於泰國的泰緬鐵路，供遊客參觀。目前還有一批蒸汽火車保存在南非鐵路運行，因為這款 Garratt，非常具非洲代表性，所以在郵迷的手中，不少人還收藏這款 2-8-2+2-8-2 南非蒸汽火車的郵票呢！

GARRATT ④—⑧—⓪—⓪—⑧—④ (2'D+D2')

輪軸排列 ●●○○○○○ ○○○○○●●

DOUBLE MASTODON

　　Garratt 蒸汽機車，華式分類為 4-8-0+0-8-4，
UIC 分類為 2D'+D2'h4，蒸汽機車有四個汽缸，在世
界火車分類學上被稱為 Double Mastodon，就是兩組
Mastodon 4-8-0 蒸汽機車組合起來。基本上配四個動
輪，已經達到 Garratt 關節式蒸汽火車的極限，動輪再
增加，恐怕難以轉彎。

　　這款火車的實車，世界最有名的莫過於印度與
孟加拉的寬軌版 BNR N class。這是 1929 年英國拜爾
孔雀機車公司所製造，靜態保存於印度德里鐵道博物
館，使用於孟加拉那格浦爾鐵路 Garratt 4-8-0+0-8-4

蒸汽機車 BNR 815 號。由於這是世界最寬的軌距 1676mm，加上 Mastodon 4–8–0 的結構，兩個超大的水櫃，續航力十足。

不過，這是世界上製造數目最少的 Garratt 蒸汽機車，只有製造 26 台而已。除非親眼看見，否則難以想像它龐大的體型，是參觀印度德里鐵道博物館，不可錯過的大怪獸！

❷ Garratt 蒸汽機車的鍋爐與駕駛室特寫。

❸ Garratt 蒸汽機車的後端水櫃，與 4–8–0 車軸配置的特寫。

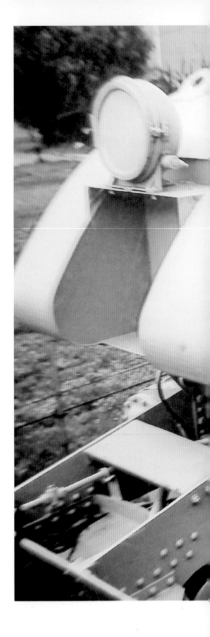

GARRATT ④-⑧-②+②-⑧-④ (2'D1'+1'D2')

輪軸排列 •• ○○○○○• •○○○○ ••

DOUBLE MOUNTAIN

　　Garratt 蒸汽機車，華式分類為 4–8–2+2–8–4，UIC 分類為 2'D1'+1'D2'h4，在世界火車分類學上被稱為 Double Mountain，就是兩座山，用兩組 Mountain 4–8–2 蒸汽機車組合起來的巨獸。如果說 Garratt 2–8–2+2–8–2 蒸汽機車，噸位已經是大怪物等級，如此再延長前後的導輪，一個軸變成兩個軸，變成 Garratt 4–8–2+2–8–4 蒸汽機車，這不是大怪物，恐怕是大怪獸等級。

　　然而，這卻是世界上製造數目最多的 Garratt 蒸汽機車，因為非常的實用，從 762mm 到 1676mm 軌距都有，足跡遍布世界各地，包含東非與澳洲。在澳洲這款火車比較有名的是南澳大利亞的 class 400，是英國拜爾孔雀機車公司所製造，目前靜態保存於澳大利亞 Garratt 4–8–2+2–8–4 蒸汽火車，搭配 1067mm 軌距，體型真的是巨無霸！由於此款 Garratt 4–8–2+2–8–4 世界風行，非洲還印有這款蒸汽火車的郵票。

　　不過，這款還不是最大的巨獸。Garratt 蒸汽

❶ 靜態保存於澳大利亞 Garratt 4–8–2+2–8–4 蒸汽火車，2001 年與筆者合影。
❷ 這款 Garratt 4–8–2+2–8–4 蒸汽火車，體型真的是巨無霸！
❸ 非洲 Luanda 印有這款 Garratt 4–8–2+2–8–4 蒸汽火車的郵票。

機車發展到極限，是 Garratt 2-8-2+2-8-2 再延長，變成 Garratt 4-8-4+4-8-4 蒸汽機車，被稱為 Double Northern，相當於 Garratt 族群的 Big Boy，最大噸位最高等級的地位。在澳洲這款火車最有名的是新南威爾斯省的 AD60 class，重量高達 264 公噸，一樣是英國拜爾孔雀機車公司所製造，目前 6029 號已經正式復活了！

齒輪式的
GEARED STEAM LOCOMOTIVE TYPE
蒸汽機車

⚠ 台灣的阿里山鐵路使用 Shay 齒輪式蒸汽機車，這是 class B 的形式，762mm 軌距的 31 號火車，行走於水山線。

第 5 章

三種齒輪類型的差異

　　全球登山鐵路或森林鐵路，因為軌道不平整，而且又彎又陡，早年在蒸汽火車時代，一般火車根本無法適應，因而鐵路工程師，開發出一些特殊設計的蒸汽火車。

　　如前面的單元所述，傳統鐵路的鋼軌為黏著式，但是登山鐵路為了攀越陡坡，容易產生輪軌滑動，所以便增加蒸汽火車的動輪數，不過如果坡度超過某種極限，就已經不是增加蒸汽火車的動輪數所能解決。於是，在軌道間鋪設鋼枕，架設齒軌(Rack)，輪軸間加裝齒輪（Cog）加以咬合，成為一種解決方法。然而，新設齒軌鐵路的工程很大，而且無法使用傳統黏著式的火車，不論軌道或是火車都得用齒軌的專利形式，成本將大幅增加。

❶ Shay 蒸汽機車模型行走於木棧橋上，是美國森林鐵道的特色火車。★

❷ Shay 蒸汽機車的模型。

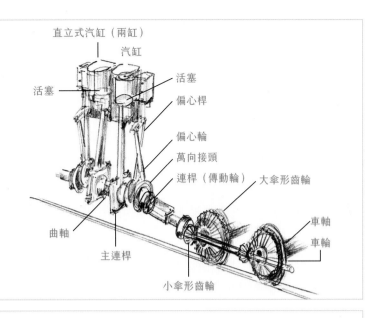

直立式汽缸（兩缸）
汽缸
活塞
活塞
偏心桿
偏心輪
萬向接頭
連桿（傳動輪）
大傘形齒輪
車軸
車輪
曲軸
主連桿
小傘形齒輪

Shay 蒸汽機車的重點，
在於單側的直立式汽缸，驅動側邊的傳動結構。

❸ Climax 蒸汽機車的模型。

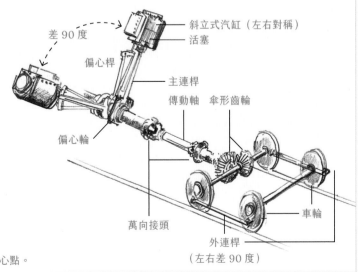

斜立式汽缸
（左右對稱）
傘形齒輪
萬向接頭
偏心輪
活塞
小傘狀齒輪
大傘狀齒輪
車輪
傳動軸
主連桿

Climax 蒸汽機車的重點，
在於雙側的 45 度斜立汽缸驅動結構，驅動結構的中心點。

❹ Heisler 蒸汽機車的模型。

差 90 度
斜立式汽缸（左右對稱）
活塞
偏心桿
主連桿
傳動軸
傘形齒輪
偏心輪
萬向接頭
車輪
外連桿
（左右差 90 度）

Heisler 蒸汽機車的重點，
在於雙側的交叉 V 型汽缸驅動結構，驅動結構的中心點。

那麼，有沒有折衷方案？可以維持傳統鐵路，只要購買新的蒸汽火車，行走又彎又陡的軌道，但是軌道設施可以照舊不必改，以提高相容性，成本介於黏著式鐵路與齒軌鐵路。答案是有的，這就是齒輪式蒸汽機車的由來。

　　最早的齒輪式蒸汽機車，在 1890 年誕生，這就是 Shay 的由來，也成為美國森林鐵道的特色火車。過去美國的鐵路，一共開發出三種特別的蒸汽機車，包含 Shay、Climax、Heisler 三種。而 Shay 蒸汽機車的重點，在於單側的直立式汽缸，驅動側邊的傳動結構；Climax 蒸汽機車的重點，在於雙側的 45 度斜立汽缸驅動結構，驅動結構的中心點；Heisler 蒸汽機車的重點，在於雙側的交叉 V 型汽缸驅動結構，驅動結構的中心點。不過，不論是那一種，最後都是經由萬向接頭，傳動至前後轉向架的齒輪箱，以齒輪帶動。這也就是「齒輪式蒸汽機車」專有名詞的由來。

　　不論是齒輪式或是齒軌式蒸汽火車，都能行駛大坡度的軌道，然而，這樣的改造，使得火車速度變慢但是牽引力增加，如同汽車切換到低速檔一樣，爬坡有力但是快不了。齒輪式結構成為人類鐵道史上，最奇特的蒸汽火車。

❷ 台灣阿里山鐵路的 18 噸級 Shay class A，17 號蒸汽機車。

❷ Heisler 蒸汽機車的模型，是三種齒輪類型蒸汽機車，最晚期的傑作。★

SHAY
CLASS A

　　現今阿里山森林鐵道的火車之中，Shay 齒輪式蒸汽火車，一直保有它迷人且獨特的魅力。從阿里山鐵道施工時期開始，Shay 一直扮演著阿里山鐵路運輸的重要角色。雖然它只是為伐木而生產的火車，並且退休多年，然而它的吸引力，始終成為全球眾多觀光客的矚目焦點。

　　因此，談到美國森林鐵道的 Shay class A 蒸汽機車，就會想到台灣阿里山鐵路的 18 噸級蒸汽機車。所謂的 Shay class A，就是有兩個直立式汽缸（Vertical Cylinder），兩組齒輪驅動的轉向架（Geared Truck），

❶ Shay class A 有兩個直立式汽缸。

屬於動力較簡單的基本款。這款蒸汽機車，其實是屬於 Shay 比較早期的形式，淘汰得最快，如今全球保存很少，阿里山鐵路當初還購入 8 台，11–18 號，也成為全球矚目的鐵道文化財。斯洛伐克希望我國同意將 17 號蒸汽機車運送到該國去行駛，成為全歐洲唯一復駛的 Shay class A 齒輪式蒸汽火車。

❷ 嘉義北門車庫園區，18 噸 Shay 蒸汽火車。

❸ Shay class B 有三個直立式汽缸。

SHAY CLASS B

❹ Shay class B 28 噸 32 號蒸汽機車。

談到美國森林鐵道的 Shay class B 蒸汽機車，就會想到台灣的阿里山鐵路的 28 噸級蒸汽機車。所謂的 Shay class B，就是有三個直立式汽缸，兩組齒輪驅動的轉向架，屬於動力較佳的升級款，可用於大坡度的登山鐵道。除了台灣之外，美國也有動態保存這款蒸汽機車。

基本上，阿里山森林鐵路共有兩種 Shay 的型式，一種是 18 噸級 Shay，1910 至 1912 年生產，專門用於平地段與阿里山的林場線，目前沒有動態保存，17 號仍等待修復；另一種是 28 噸級 Shay，1912 至 1917 年生產，專門用於登山路段，截至 2021 年已經修復 25、26、31 號。而 21 號 shay 則在

3月29日回到嘉義北門車庫，2022年3月4日21號也修復完成，宣告復活，阿里山鐵路共有四部動態保存。25號蒸汽機車配屬嘉義北門車庫，31號蒸汽機車配屬阿里山車庫，是當前阿里山鐵路觀光列車的重要主角。

❶ 阿里山鐵路的31號蒸汽機車，行走於二萬平車站。

❷ 21號Shay蒸汽機車，2022年3月4日修復完成，宣告復活。

種類	Class A SHAY	Class B SHAY
噸數	18噸	28噸
車輛編號	12-18號	21-32號
製造年代	1910-1912年	1912-1917年
製造廠名	Lima, Ohio, USA	Lima, Ohio, USA
齒數比	3.071	3.071
動輪直徑	26.5"	27.5"
汽缸規格	2缸，缸徑7"x 行程12"	3缸，缸徑8"x 行程10"
保存狀況	現存七部，一部14號在澳洲，報廢消失一部11號	現存十部，全部在台灣，報廢消失兩部27號、30號

• 阿里山 Shay 蒸汽機車之比較表 •

SHAY CLASS C AND CLASS D

③ 美國的 Roaring Camp Railroad，Shay class C 有三個直立式汽缸，三組齒輪驅動的轉向架，包含後面的水箱，都有動力。

所謂的 Shay class A，就是有兩個直立式汽缸，兩組齒輪驅動的轉向架，屬於動力較簡單的基本款，製造 687 台分布全球。所謂的 Shay class B 蒸汽機車，有三個直立式汽缸，兩組齒輪驅動的轉向架，屬於動力較佳的升級款，製造 1478 台分布全球數目最多。所謂的 Shay class C，就是有三個直立式汽缸，三組齒輪驅動的轉向架，共製造 582 台，包含後面的水箱都有動力。所謂的 Shay class D，就是有三個直立式汽缸，四組齒輪驅動的轉向架，包含後面的兩個水箱車輪都有動力，體積最龐大，全世界僅製造 20 台，是最稀有的類型。Shay class C、D 兩款屬於登山專用的動力強化版，目前都是在美國原產國所保存。

• 全球 Shay 蒸汽機車的統計表 •

型式	機械構造	製造數目	備註
Class A	2-cylinders/2-trucks	687	阿里山 18 噸級 Shay
Special	2-cylinders/3-trucks	2	實驗性質，已消失
Class B	3-cylinders/2-trucks	1,478	阿里山 28 噸級 Shay
Class C	3-cylinders/3-trucks	582	美國保存
Class D	3-cylinders/4-trucks	20	很稀少，已消失

❶ 台灣的阿里山鐵路 Shay class A 蒸汽機車。

❷ 美國的咆哮營森林鐵路（Roaring Camp Railroad）Shay class B 蒸汽機車。

❸ Shay class C 蒸汽機車。★

❹ Shay class D 蒸汽機車。筆者手工製作，全球稀有的形式。★

❺ Shay class A、B、C、D 四款蒸汽機車的比較圖。★

Shay 蒸汽機車發明的故事

美國森林鐵道的 Shay 蒸汽機車因為構造特殊，很受全球鐵道愛好者的喜歡，台灣的阿里山鐵路也使用 Shay 蒸汽機車，它的誕生，背後有一段故事。

Shay 蒸汽機車，源自於它的發明者埃弗雷姆·謝依（Ephraim Shay），他是一位美國工程師，於 1870 年代美國南北戰爭時期加入北軍，並在密西根州開墾森林。戰爭結束後埃弗雷姆·謝依在密西根州舖設伐木鐵道，而他的林場用機械，都是向創立於 1869 年俄亥俄州的 Lima 公司購買。他發現傳統的蒸汽火車，並不適合在軌道路線彎曲、坡度極大、不平整的森林鐵道中行駛。於是，他靈機一動，將船舶的輪機結構「直立式汽缸」，搬到火車上來，透過齒輪的機械結構來傳動。他在 1878 年發明了齒輪傳動的蒸汽火車，並命名為 Shay。1880 年第一部 Shay 原型車誕生，1881 年正式取得專利，並給專門生產林業用機械的 Lima 公司生產製造。

從 1892 年 4 月 12 日開始，萊瑪公司（Lima Locomotive & Machine Co.）開始生產這種直立式汽缸，稱之為 Shay 齒輪式火車。這種火車立刻受到美國伐木業者極大的歡迎，從此訂單不斷，1893 年更在萬國博覽會上聲名大噪，收到許多海外的訂單，從此 Shay 成為這種特殊火車的代名詞。由於 Shay 適合行駛於路線彎曲，坡度極大的鐵道，於是從十九世紀末，這款蒸汽火車也開始出現在全球的森林鐵道與登山鐵道。

儘管 Shay 推出初期大受歡迎，但是往後由於 1912 年起，過熱式機車發明，蒸汽火車效率大幅提高，1920 年代之後，柴油機車技術成熟，馬力超越現有的蒸汽機車，登山鐵路的動力角色被取代。經歷了第二次世界大戰，產業技術的轉型，Shay 逐漸失去它獨特的地位而逐步沒落。一直到 1945 年 Shay 停產為止，萊瑪公司（改為 Lima Locomotive Works, Inc.）一共生產了 2768 輛，當然也包括了 1909 年中國詹天佑的京張鐵路，1912 年台灣阿里山鐵道在內。中國的京張鐵路，使用 Class C 型式，已經完全消失不見，而台灣阿里山鐵路使用 Class A、ClassB 兩種型式，卻還完好地保存下來。同時因為阿里山鐵路為 762mm 軌距，使得台灣阿里山意外成為全球唯一 762mm 軌距 Shay 的保存國度。

雖然，當前全球 Shay 蒸汽火車的保存數目不少，然而，動態保存運行的鐵路很少，多數為靜態展示。這種 Shay 蒸汽火車曾經在 1960 年代以後，因為森林鐵道動力柴油化，與修建公路用卡車運材等原因，使得鐵道的運輸轉型而快速沒落。不過，當時台灣的阿里山森林鐵路，由於物力維艱，經費短缺之故，幾乎是全世界極少數 Shay 蒸汽火車的營運者，成為當時全球 Shay 蒸汽火車的保存聖地，吸引海內外鐵道愛好者齊聚於此，留下許多資料相片，也因此而聲名遠播。

CLIMAX

❶ Climax 蒸汽機車 Class B 有兩組轉向架。★

❷ 同為 Climax 蒸汽機車模型，另一側也可以清楚看到兩組轉向架。★

　　雖然美國森林鐵道的 Shay 蒸汽機車，很受全球鐵道愛好者的喜歡，不過它是有著嚴重結構性缺點的。因為它的汽缸集中於右側，造成火車左右不平衡，為此它的鍋爐必須往左偏，才能抵銷火車重心會側偏的問題，火車右側的傳動端，轉向架無法裝減震機構，行駛不順更是為人詬病。

　　因此，齒輪式蒸汽機車出現了改良版，就是把齒輪傳動結構改到中間去，汽缸不再裝在右側，改成裝在雙側，以 45 度斜立汽缸驅動，經由萬向接頭，傳動至前後轉向架的齒輪箱，火車重心不會側偏。1888 年 Charles D. Scott 正式取得專利，由賓州的 Climax locomotive works 生產，這就是 Climax 蒸汽機

❸ 美國 RailGiants Train Museum 火車博物館
的 Climax 蒸汽機車 Class C 有三組轉向架。

❹ 筆者參觀澳大利亞普芬比利鐵道博物館保存
的 Climax 蒸汽機車維修過程。

車的由來。如今 Climax 在美國，澳大利亞都有動態保存，它也有類似 Shay 蒸汽機車的衍生型式，Class A 為初始形式，Class B 有兩組轉向架，Class C 有三組轉向架，動力較佳。

儘管如此，Climax 蒸汽機車看起來結構比較完美，廣受伐木者好評，但是生不逢時，出現比 Shay 時間晚。由於 1910 年起過熱式機車發明，蒸汽火車效率大幅提高，1920 年代之後，柴油機車技術成熟，馬力超越現有的蒸汽機車，森林鐵道的動力，產生結構性的改變。1928 年 Climax 蒸汽機車停產前，共製造約 1100 台，因此產量遠不如 Shay 蒸汽機車。

HEISLER

❶ Heisler 蒸汽機車 Class B 有兩組轉向架。★
❷ Heisler 蒸汽機車的核心構造特寫,交叉 V 型
   汽缸,傳動至前後轉向架的齒輪箱。★

　　如前面所述,Climax 蒸汽機車是 Shay 蒸汽機車
的改良版,Heisler 蒸汽機車更是優化版,差別只是在
汽缸排列的結構而已。Climax 在於雙側的 45 度斜立
汽缸驅動結構;Heisler 在於雙側
的交叉 V 型汽缸驅動結構,透過
交叉 V 型雙汽缸,驅動機車結構
的中心點,經由萬向接頭,傳動
至前後轉向架的齒輪箱,並由外
連桿帶動車輪,1892 年 Charles
L. Heisler 正式取得專利並授權生
產。從機械結構上看,Heisler 更
接近完美,也成為後來汽車引擎
傳動結構的先驅。

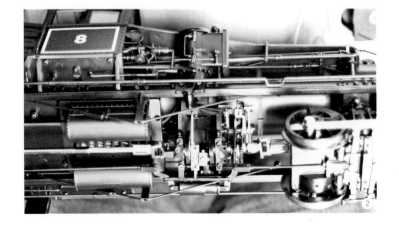

❸ 美國 Mt.Rainier Scenic Railroad 的 Heisler 蒸
汽機車 Class C，有三組轉向架。

❹ Heisler 與 Climax 比較，這是 Climax 蒸汽機
車 Class C 的模型，和上圖的 Heisler Class
C 相比，差別在汽缸排列的結構而已。★

由於 Heisler 更晚出現，生產數目更少，至 1941
年停產之前，只製造 625 台，其珍貴性更高。Heisler
也有類似 Shay 蒸汽機車的衍生型式，Class A 為初始
形式，Class B 有兩組轉向架，Class C 有三組轉向架，
動力較佳，Heisler 的速度也較快。

因為齒輪式蒸汽機車結構很像，所以大家都將
Shay、Climax 與 Heisler 蒸汽機
車，用兄弟的角色來看待，其命
運也十分相似，都是 1945 年二
戰結束後齒輪傳動的蒸汽火車，
因速度太慢而失寵，全面停產並
淘汰。從上面的故事可知，即使
結構比較完美，但是生不逢時也
無以為繼，所以產品在對的時機
點出現，比完美更重要。

印度尼吉里登山鐵路（Nilgiri Mountain Railway），使用 X class 齒軌蒸汽火車，該鐵路在 2005 年被聯合國教科文組織登錄為世界文化遺產。

第 6 章

齒 軌 式 的
RACK RAIL
STEAM LOCOMOTIVE TYPE
蒸 汽 機 車

0/1

❶ 英國鐵路 SMR 的齒軌蒸汽火車，圖的下面可以清楚看到齒軌。。

四種齒軌類型的差異

　　傳統鐵路的鋼軌為黏著式，但是登山鐵路為了攀越陡坡，容易輪軌滑動，如前面所述，為了安全起見，故增加蒸汽火車的動輪數。但是，如果坡度超過某種極限，就已經不是增加蒸汽火車的動輪數所能解決了。

❷ 這是一張難得的照片，火車動軸中間藏著驅動齒輪，除非火車拆開，否則從外觀看不到。透過齒輪與齒軌咬合，以利火車爬坡。

　　於是鐵路工程師想到一種辦法，在軌道間鋪設鋼枕，並架設齒軌，輪軸間加裝齒輪加以咬合，上山時可獲得有效的推力，下山時可避免急速下滑，故名 Rack railway（Cog rail）。一般而言，鐵路超過 90 ‰ 以上的坡度才採用齒軌，但是代價是為了安全，速度變慢，車廂數目與編組重量都變小。

　　世界上最早發明的齒軌類型 RIGGEN BACH，用於 1871 年歐洲最早的齒軌鐵道瑞士里吉山鐵路（Rigi Bahnen）。不過，美國華盛頓山登山鐵路（Mount Washington Railway），卻是率先使 RIGGEN BACH，成為全世界第一條的齒軌登山鐵路，1869 年在新罕布夏州（New Hampshire）營運，兩年後的 1871 年，歐洲第一條齒軌登山鐵路，瑞士 RigiBahn 才開始營運。齒軌的蒸汽火車實驗成功，有著劃時代的意義。

後來齒軌構造不停的改良，也依其發明者姓名加以命名。依照不同的齒軌構造，目前共有 RIGGEN BACH、ABT、STRUB、ROCHERS 四種。

第一類 **RIGGEN BACH 式齒軌**

RIGGEN BACH 齒軌兩側有護鈑，中間為鋼條為其特徵。這是最早用於標準軌的版本，如

果是窄軌，空間不足，運作可能比較不利。

第二類 **ABT 式齒軌**

ABT 雙排齒條彼此相差交錯為其特徵，應用最為廣泛。由於齒條交錯，如果齒輪有磨

損，也比較不必擔心發生咬合失敗的情形。

第三類 **STRUB 式齒軌**

STRUB 構造最簡單，單排齒條形同拉鍊為其特徵。這是齒輪與齒條都經過強化，煉鋼技

術也進步，可以說是後期比較成熟的版本。

第四類 **ROCHERS 式齒軌**

ROCHERS 雙排齒條結合雙咬合輪，非常的少見，世界上僅以瑞士 Pilatus Bahn 為代表。可

以達到 480 ‰ 的超大坡度，為世界第一。

齒軌堪稱為人類鐵道史上不朽之創意，不過，如果登山鐵路設計為齒軌結構，速度會變慢，運量也會變小，這是它的缺點。而且這種具有強烈的技術排他性，馬蹄彎與螺旋線兩種工法幾乎就不必採用。這也是阿里山鐵路採用馬蹄彎與螺旋線的結構，而不必使用齒軌的關鍵因素。

三種傳動類型的差異

　　齒軌蒸汽火車這種技術，可以克服鐵路的大坡度，讓火車登上山去，製造商以瑞士鐵路製造公司 SLM 為代表，創造各類齒軌蒸汽火車，於是往後四十年之內，全球的齒軌登山鐵路，如雨後春筍般發展，從歐洲分布到全球。例如瑞士 1871 年里吉山鐵路為歐陸第一條，瑞士鐵路製造公司 SLM 從此聲名大噪。瑞士馬特洪峰登山鐵道 GGB，直衝海拔 3089 公尺之雲霄。而印度尼吉里登山鐵路（Nilgiri Mountain Railway），使用 SLM 的 X class 齒軌蒸汽火車，該鐵路在 2005 年被聯合國登錄為世界文化遺產。

　　基本上齒軌蒸汽火車依照結構，可分成以下三種傳動類型：

❶ 瑞士 Rigi Bahn 使用 RIGGEN BACH 式齒軌，火車齒軌的驅動軸齒輪，附屬於火車的動軸，這是同軸傳動。

❷ 瑞士 Rigi Bahn 1871 年通車的蒸汽火車，是瑞士鐵路製造公司 SLM 的傑作。

第一種　同軸傳動

　　火車的齒軌驅動軸，附屬於火車動軸，同軸傳動。但是，不論齒軌輪或是動輪，都是屬於同一套汽缸活塞運作。構造簡單，齒軌和齒輪咬合在中間，鐵軌和動輪黏著於外側，如上圖所示。

❸ 奧地利 Achensee Bahn，0-4-0 傾斜鍋爐的齒軌蒸汽火車。

❹ 火車齒軌驅動軸與動輪軸，彼此共用同一套汽缸活塞，中間即是驅動齒輪。

第二種 **第三軸傳動**

　　火車的齒軌驅動齒輪，該齒輪部分把它獨立出來，稱第三軸傳動。不過驅動方式同第一種，不論中間的齒軌輪或是外側的動輪，都還是屬於同一套汽缸活塞運作。

❺ 印度尼吉里登山鐵路，SLM 公司製造的 X class 齒軌蒸汽火車。

❻ 火車齒軌驅動軸與動輪軸，彼此獨立各有一套汽缸活塞，上面是驅動齒輪用的，下面是火車動論軸用的，這是獨立傳動。

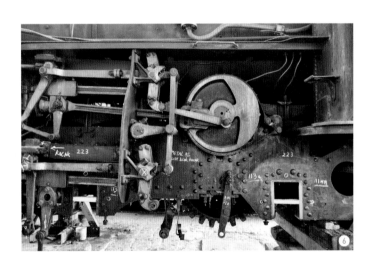

第三種 **獨立傳動**

　　火車齒軌驅動軸與黏著動輪軸，屬於彼此獨立的一套汽缸活塞運作，這樣火車就必須有兩套火車汽缸活塞系統。但是好處是齒軌驅動軸，就可以完全獨立運作。因此，英文學名為 Rack railway and adhension steam locomotive，也就是齒軌和黏著兩用的蒸汽機車。

　　同軸傳動，是齒軌蒸汽火車最古老、最簡單，也最為傳統的形式。火車的齒軌驅動軸，附屬於火車動軸，齒輪與動輪，都是屬於同一套汽缸活塞運作。因此，當汽缸驅動火車的動輪，火車開始走，內藏的齒輪也就跟著帶動，故名同軸傳動。

　　基本上這種蒸汽火車，多數用於坡度大，運量較小，速度較慢的齒軌登山鐵道，而且登山時都是火車頭掛在列車後面推進，以策安全。瑞士的 SLM 公司製造的車軸形式為 0-4-2RT，後面駕駛室下方有一個尾隨輪。有些為了避免登山時大坡度水位不平衡，鍋爐設計為傾斜的形式，甚至出現現代重油鍋爐改造版。

　　英國 SMR 和瑞士 BRB，使用 ABT 式齒軌，800mm 軌距鐵道；奧地利的薩夫堡登山鐵道（Schaf-bergbahn）與史尼堡登山鐵道（Schneebergbahn），使用 ABT 式齒軌，1000mm 軌距鐵道，都可以見到這款的蒸汽火車。

❶ 英國鐵路史諾登登山鐵路的齒軌蒸汽火車。
❷ 奧地利薩夫堡登山鐵道，傾斜鍋爐的齒軌蒸汽火車。
❸ 奧地利史尼堡登山鐵道，傾斜鍋爐的齒軌蒸汽火車。

❹ 奧地利 Achensee Bahn，0-4-0 傾斜鍋爐的齒軌蒸汽火車。

❺ 奧地利 Achensee Bahn 的動輪結構特寫，可以看到中間第三軸傳動。

❻ 奧地利 Achensee Bahn 第三軸傳動的齒軌原理展示，可以看到中間有一顆驅動齒軌的齒輪。

RACK RAIL ⓪-④-⓪　　　輪軸排列 ◯◯

二動軸──第三軸傳動

　　第三軸這種傳動方式，基本上與前述火車同軸傳動差不多。只不過齒軌的驅動軸，那個齒輪把它獨立出來，故名第三軸傳動。這樣的好處是，火車有兩個動軸在軌道上，中間還有一顆驅動齒軌的齒輪，可以獨立檢修。如果火車是行駛在平地路段，就沒有齒軌，當然這時也就用不到齒輪，它的使用壽命較長，因為磨損與車輪會不同。

　　第三軸是同軸傳動微小的改良。這款火車車軸形式為 0-4-0RT，最經典的實例是，1889 年的奧地利 Achensee Bahn 蒸汽火車，1000mm 軌距，使用 RIGGEN BACH 式齒軌。這條鐵路並非一路都是大坡度，後段靠近阿亨湖那一段，就是一段平地，前段火車登山時，都是蒸汽火車掛在列車後面推進，後段就改成一般鐵路，蒸汽火車在前面拉動車廂。換言之，這是坡度與平地兩用的蒸汽火車，故又名為 Rack railway and adhesion 蒸汽火車。

二動軸——獨立傳動

所謂的獨立傳動，就是齒軌輪與動輪分開獨立傳動。基本上它的優點與設計理念，就是與前述火車一樣，有坡度路段與平地路段兩用模式。不過，前者的齒軌輪與動輪，都還是屬於同一套汽缸活塞運作。這款蒸汽火車，就增加一套汽缸活塞運作，變成有兩套汽缸活塞運作，上面的汽缸驅動齒輪，下面的汽缸驅動動輪，兩者獨立，成為進化版的 Rack railway and adhesion 蒸汽火車。

❶ 印尼爪哇島上的安巴拉哇鐵路的齒軌蒸汽火車，B2502。

這款獨立傳動的蒸汽火車，車軸形式為 0–4–2T，最經典的就屬印尼爪哇島上的安巴拉哇鐵路（Amba–rawa Railway）的 B25 型齒軌蒸汽火車，1067mm 軌距，使用 RIGGEN BACH 式齒軌。因為火車有兩套汽缸活塞運作，上面那一組的頻率，與下面那組的頻率會不一樣，甚至因為齒輪的構造，還有反轉的現象，真的很有趣。直到如今，爪哇島上的這條登山鐵路，安巴拉哇—貝多諾（Ambarawa–Bedono）的齒軌路段，依然還在運作呢！

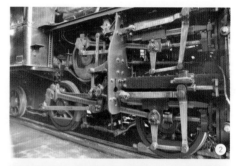

❷ 獨立傳動的蒸汽火車，有兩套汽缸活塞運作，上面的汽缸驅動齒輪，下面的汽缸驅動動輪。

❸ B2502 蒸汽火車驅動齒輪的特寫。

三動軸——同軸傳動

回歸前述的同軸傳動，這是齒軌蒸汽火車最為古老，也最為傳統的形式。這款車軸形式 2–6–0T，瑞士的 SLM 公司製造的蒸汽火車，稱為 HG 3/4，是前面同軸傳動的優化版本，使用 ABT 式齒軌。火車前面多了一個前導輪，以利高速行駛，多了一個車軸，黏著牽引力也增強，齒輪就藏在裡面。蒸汽火車採用外框結構，更容易維修，更好轉彎。火車外觀優雅，如果在平地段行駛，也看不出是有齒輪，可以走齒軌的蒸汽火車。

其實，這款 HG 3/4 蒸汽火車在瑞士鐵道非常的有名，有兩條鐵路可以看到它。一條是冰河列車的保存鐵道——福卡鐵路（Dampfbahn Furka–Bergstrecke, DFB），另一條是法語區的保存鐵道——布羅尼仙碧鐵路博物館（Chemin de Fer–Musée Blonay–Chamby, BFD），都是 1000mm 軌距。不過 ABT 式只使用於 Dampfbahn Furka–Bergstrecke 這一段鐵路。

❹ 瑞士 BFD.1 蒸汽火車 HG3/4，2-6-0 齒軌式蒸汽火車，1000mm 軌距。
❺ 瑞士 DFB.3 蒸汽火車 HG3/4，2-6-0 齒軌式蒸汽火車，1000mm 軌距。

三動軸——獨立傳動

　　這款車軸形式 0–6–0RT，三動軸，獨立傳動，瑞士的 SLM 公司製造的蒸汽火車，使用 RIGGEN BACH 式齒軌，被稱為 SBB–CFF–FFS HG 3–3。相當於是前面獨立傳動 0–4–2 蒸汽火車的大型化版本，有三個動軸，有兩套汽缸活塞運作，上面的汽缸驅動齒輪，下面的汽缸驅動動輪，有坡度路段與平地路段兩用模式的蒸汽火車。

　　該火車行駛於瑞士中央鐵路（Zentralbahn），有齒軌坡度路段與平地路段。如果是在平地段，蒸汽火車上面的那組汽缸活塞是不會運轉的，只有下面那組汽缸會運作，一旦火車開始爬山，兩組交錯反轉，真的很有趣。此外，因為這種火車非常有瑞士代表性，所以瑞士盧森的交通博物館，還有一台 HG 3–3，1063 號齒軌式蒸汽火車，特別解剖給參觀者看，Interlaken 的 HG 3–3 維修基地成為蒸汽火車迷的聖地。德國 LGB 特別生產 HG 3–3 火車模型，獻給全世界愛齒軌火車的鐵道迷們。

❷ 行駛於瑞士 Zentralbahn，SBB–CFF–FFS HG 3–3，1067 號齒軌式蒸汽火車，1000mm 軌距。

❶ 瑞士 Interlaken 的 HG 3–3 維修基地，HG 3–3 有兩套汽缸活塞運作，上面的汽缸驅動齒輪，下面的汽缸驅動動輪。

❸ 德國 LGB 生產的 G scale HG 3-3 火車模型。★

① 印度尼吉里登山鐵路，SLM 公司製造的 X class 齒軌蒸汽火車，X37385 號。

RACK RAIL ⓪－⑧－② 輪軸排列 ◯◯◯◯●

四動軸——獨立傳動

　　這款車軸形式 0–8–2RT，四動軸齒軌與黏著兩用的蒸汽機車，有兩套汽缸活塞獨立傳動，瑞士的 SLM 公司製造的蒸汽火車，堪稱是當前 SLM 齒軌蒸汽火車族群中的巨無霸。該款蒸汽火車比較特別的地方，是火車中間驅動齒輪有兩組，也是全世界的齒軌蒸汽火車，目前可以運行的最大型者。

　　目前該款齒軌蒸汽火車，被保存於印度的尼吉里登山鐵路使用，被稱為 X class，瑞士 SLM 公司從 1914 至 1925 年之間製造，使用 ABT 式齒軌。由於十分稀有，具備登山鐵路的特殊性，該火車與鐵路，在 2005 年被聯合國教科文組織登錄為世界文化遺產。

② 印度尼吉里登山鐵路 SLM 齒軌蒸汽火車，X37391 號，是後來的重油鍋爐改造版，1000mm 軌距。

③ X class 蒸汽火車，中間驅動齒輪有兩組，是全世界的齒軌蒸汽火車，目前可以運行的最大型者。

④ 德國 BR97.502 蒸汽火車，保存於波鴻達爾豪森鐵道博物館（Bochum-Dahlhausen Railway Museum）。

⑤ 德國 BR97.504 蒸汽火車，兩套汽缸活塞，齒輪獨立傳動。

⑥ 世界最大型的齒軌蒸汽火車，BR97.504 保存於德國柏林科技博物館，圖片下方可見齒軌。

| RACK RAIL ⓪－⑩－⓪ | 輪軸排列 ⬭◯◯◯◯◯⬭ |

五動軸——獨立傳動

　　這款車軸形式 0–10–0RT，火車中間有兩套汽缸活塞獨立傳動，驅動齒輪，五動軸的齒軌與黏著兩用蒸汽機車，是屬於德國蒸汽火車 BR97.5。這是人類歷史上製造過，世界最大型的齒軌蒸汽火車，全世界只有生產四台，十分的珍貴。

　　該火車在 1922 至 1925 年生產，1435mm 標準軌，屬於德國皇家符騰堡國家鐵路（Royal Württemberg State Railways）所擁有，並使用於 Honau–Lichtenstein rack railway，長 2.2 公里，高達 100 ‰ 的大坡度，使用 RIGGEN BACH 式齒軌。後來，該款火車被德國國鐵收編，編號為 BR97.501–504，但是不幸的是 BR97.503 毀於二次大戰，目前其他三台都被靜態保存下來。最後一部 BR97.504，保存於德國柏林科技博物館，成為該館的鎮館之寶。

改造型態的
MODIFIED
STEAM LOCOMOTIVE TYPE
蒸汽火車

 阿里山鐵路 25 號蒸汽機車冒白煙，採用重油鍋爐。

第 7 章

① 蒸汽動車的內部客室，可以看見蒸汽鍋爐的
駕駛室。

蒸汽的
都市軌道交通車輛

　　Tram 與 Train 有何不同？Train 就是一般傳統的
火車，而 Tram 則是專指運行於都市內的軌道交通車
輛（Steam Tram System）。

　　Tram 起源來自於工業革命之後，新興的都市馬
車軌道（Horse Rail）。由於都市道路上鋪設鐵道，用
馬車牽引可以減少阻力。1827 年紐約出現最早的 12
人集乘的馬車，行走於軌道上，開啟了都市公共馬車
軌道的運輸。後來人們想到用小型的蒸汽火車，取代
馬匹的動力，這就是蒸汽的都市軌道交通車輛（Steam
Tram）。蒸汽的都市軌道交通車輛曾經有過一段流行，
直到十九世紀末葉，隨著電力與馬達的發明，1881 年，
世界上第一條電力的輕軌車輛在德國利希特費爾德

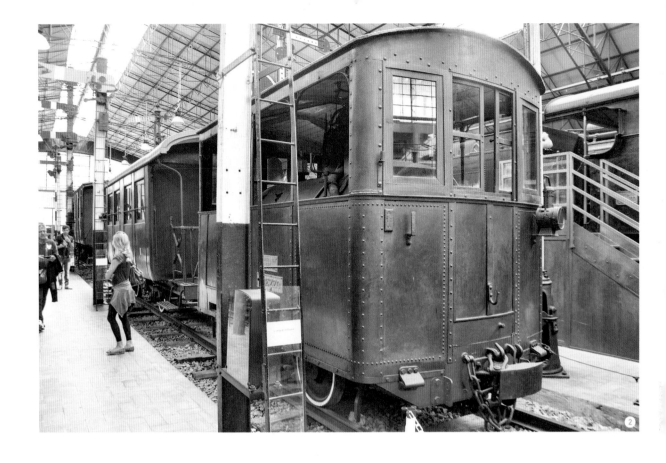

②

② 義大利米蘭達文西科技博物館，保存 1909 年
　德國 Henschel 製造的 steam tram。
③ 十分珍貴的 0-6-0 三軸 Steam Tram 模型。★

（Lichterfelde）營運，1886 年 Frank U Sprangue 以電力裝置於車廂，從此路面電車正式誕生。沒想到 Tram 還經歷獸力、蒸汽、電力三個世代吧！

　　如今，蒸汽的都市軌道交通車輛大部分都被世人所遺忘，少數放在博物館。不過，湯瑪士小火車的 7 號托比（TOBY），就是一台可愛的 0-6-0 三軸 Steam Tram。他可是有身分的，源自英國 J70 大東部鐵路（Great Eastern Railway, GER）Class C53。

　　在台灣鐵路，也曾經有過 Steam Tram，被稱為蒸汽動車。這型蒸汽動車造型十分特殊，相當於在木造客車裡，裝了一部小型蒸汽機，所以可以自己跑，蒸汽動車的內部客室，可以看見蒸

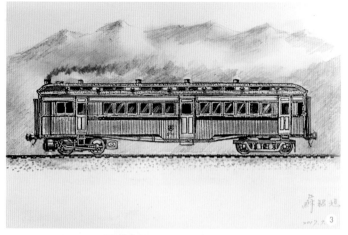

① 蒸汽動車的蒸汽火車鍋爐結構。
② 蒸汽動車的蒸汽火車動輪結構。

③ 曾經運用於台鐵新北投支線與新店線的蒸汽動車，戰後台鐵 ST10 型蒸汽動車，筆者的畫作。
④ 保存於日本名古屋 JR 東海鐵道博物館的同款式蒸汽動車。

汽鍋爐的駕駛室，下方有蒸汽火車動輪結構。台灣在
1915 至 1921 年間，由日本汽車會社製造的「工藤式
蒸汽動車」，編號 1 號至 6 號共六輛。當時購入行駛於
原本台北鐵道株式會社的新店線及淡水線，後來運行
於新北投支線。不過，後來隨著汽油動力客車的引進，
而逐漸停用，堪稱曇花一現的稀有蒸汽火車。

　　工藤式蒸汽動車日本原廠編號為 6010 型，台灣
光復後一度編為 SM9300 型（SM：Steam Railcar，蒸汽
動力客車），後來變成 ST10 型蒸汽動車，不過戰後全
數遭到淘汰，一輛也未保存下來。目前工藤式蒸汽動
車，保存於日本名古屋 JR 東海鐵道博物館。

❺ 俄羅斯聖彼得堡鐵道博物館，車軸配置為 0-6-0，1524mm 寬軌。

❻ 印度德里鐵道鐵道博物館，車軸配置為
　0-4-0，1676mm 寬軌。
❼ 匈牙利布達佩斯鐵道博物館，車軸配置
　為 0-4-0，標準軌。

無火的蒸汽火車

　　火車沒有火，怎麼還能算是火車？其實，只要還有蒸汽，就還是火車。是什麼原因，出現這種奇怪的火車？主要是站內調車運行，精簡人力，火車不需要火夫，只要一位司機即可操作，當蒸汽用盡，隨時就地補充即可。

　　因此，無火的蒸汽火車（Fireless System）沒有燒煤的火箱，但是有儲存高壓蒸汽的鍋爐，透過外接管路來儲存蒸汽，利用這些蒸汽的壓力，來推動火車運行。不過，這種火車只能在調車場站內運行，當成調度機車來使用，因為隨著蒸汽使用耗竭，火車的動力也會消失。所以當壓力降低，得隨時補充熱水蒸汽才行。然而，當火車動力柴油化，內燃機的調車機出現之後，這種奇怪的火車自然就消失了。如今成為鐵道文化資產，供人們緬懷。

· OIL—BOILER SYSTEM ·

改造燃油鍋爐的
蒸汽火車

　　所謂的改造燃油鍋爐的蒸汽火車（Oil–Boiler System），就是將原來的蒸汽機車的鍋爐，不燒煤炭，改裝燃油自動注入系統。如此蒸汽火車一樣可以行駛，會有三點好處：第一蒸汽火車火夫的操作變得簡單，不需要人力去投煤，奧地利與瑞士的登山鐵道，就有不少新造燃油鍋爐的齒軌蒸汽火車投入營運；第二是如果在燃油（重油柴油）不貴的前提下，這樣可以增加火車的效率，例如德國以前 BR044 蒸汽機車，羅馬尼亞 CFR 150.1000，就有改造成重油版。然而隨著燃油昂貴，蒸汽火車因此停用或改回燃煤。

　　第三個好處就是避免空污問題。台灣的蒸汽火車復駛，雖然令人欣喜，但是背後存在一個最大危機與難題，就是蒸汽機車冒煙，被視為破壞環保的汙染

② 奧地利薩夫堡登山鐵道的齒軌蒸汽火車，左邊是水管，右邊是油管，這是改造燃油鍋爐的蒸汽火車。

❸ 奧地利薩夫堡登山鐵道的新造傾斜鍋爐齒軌蒸汽火車特寫，改造燃油鍋爐，故沒有一般蒸汽火車的連桿汽缸系統。

源。以至於蒸汽機車復駛活動，必須冒著被環保稽核單位開罰單的危險，讓台鐵與各家鐵路事業單位望而卻步。因此，為避免燃煤的鍋爐衍生問題，因此集集環鎮鐵道的蒸汽機車是新造，就採用重油鍋爐。台糖烏樹林 370 號、阿里山鐵路 25 號及 31 號蒸汽機車，採用重油鍋爐，啟動時冒白煙，以合乎環保要求，但卻有著動力不足的問題。而台糖溪湖 364 號及蒜頭糖廠 650 號復駛，使用燃煤鍋爐，以提高機車性能、減少購油成本，但是在環保問題方面，便遭遇挑戰。

因此，面對大環境的改變，Oil–Boiler System 改造燃油鍋爐的蒸汽火車，讓蒸汽火車得以重生，不失為權宜之計。

❹ 瑞士 BRB 的傾斜鍋爐齒軌蒸汽火車，也是委託 SLM 新造的燃油鍋爐火車。

❺ 集集環鎮鐵道的蒸汽機車冒白煙，採用重油鍋爐。

❻ 台糖烏樹林 370 號蒸汽機車冒白煙，採用重油鍋爐。

· COMPRESS AIR SYSTEM ·

改造壓縮空氣驅動的蒸汽火車

　　隨著時代不停的進步，鐵道觀光的旅遊鼎盛，日本復駛蒸汽火車有逐步增多的趨勢。但是受限於土地與資金，不見得每台蒸汽火車都能完全復活，尤其是更換新的鍋爐，與鋪設行駛的鐵道，需要高額的成本。於是日本開始流行一種「低成本」的復活方式，蒸汽機關車不換鍋爐，改用電動空壓機，產生壓縮空氣驅動火車（Compress air System），蒸汽機車便可以復活行駛，也會冒煙，也有響亮的汽笛聲，只是壓縮空氣蒸汽機關車牽引力不強，速度也很慢。至於行駛的空間，可以選擇基地內運轉，或是利用一段很短的站內軌道也可以。例如真岡鐵道的 49671，便是明顯的實例。

　　以台灣為例，自從蒸汽火車退役之後，許多蒸汽

· BOX ·

靜態保存和動態保存

所謂的火車靜態保存，就是在火車停用了之後，用靜態陳列的方式保存或展示，基本上不再具備在軌道上行駛的能力。而火車動態保存，就是讓火車的發動機可以運作，可以在軌道上行駛。大部分的蒸汽機車，除非使用壓縮空氣，否則要走向動態保存，就必須修復鍋爐，而重建鍋爐的成本，也成為蒸汽機車的復駛門檻。

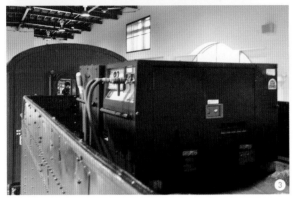

❷ 蒸汽火車駕駛室，壓縮空氣的壓力表。

❸ 產生壓縮空氣的電動空壓機，就放在煤水車上面。

機車都是靜態保存居多。如果要從靜態保存轉為動態保存，其高額的建置成本，讓保存單位望而卻步，如果能夠找到折衷保存的方式，使用較低壓的壓縮空氣驅動，不必更換鍋爐，用壓縮空氣的蒸汽機車，使其復駛，的確不失為可行的方法。

壓縮空氣的容積與壓力，也都能用較低的規格，價格低廉，安全性較高。壓力大概每平方公分 6～8 kgw，行走距離只要約 50 公尺至 200 公尺，速度大約是時速 5 公里至 8 公里左右，對於保存場所的土地要求很低，其經濟與維護可行性也就大幅的提升。如果要載人，在法規上也是適用遊樂機械管理條例，而非要用鐵路法履勘。值得國內各級蒸汽機車保存單位參考，尤其是蒸汽壓力較低的輕便鐵道蒸汽小火車，762mm 軌距更是特別適用。

這些年來，透過壓縮空氣的技術，讓蒸汽機車復活的實例不少，以下是日本壓縮空氣蒸汽機關車，從靜態保存轉為動態保存的名單，值得我們國內蒸汽機關車保存參考。

• 日本的實例 •	
49671	真岡鐵道 SL キューロク館
C11-224	北海道 標津町
C12-167	若桜鉄道若桜線
C12-244	明知鉄道
C56-139	神奈川臨海鉄道
C62-3 JR	北海道 苗穂工場
D51-320	JR 北海道 安平町 鉄道資料館
D51-827	有田川鉄道公園
D52-70	山北鉄道公園
D51-146	真岡鐵道 SL キューロク館
D51-561	群馬 利根郡川場村ホテル

❶ 帕蒂亞拉單軌鐵路單軌的蒸汽火車，火車另一邊裝的是公路的車輪。

• PSMT MONORAIL SYSTEM •

單軌的蒸汽火車

　　為何火車行駛使用單軌（PSMT Monorail System），這其實是一個經濟的問題。

　　隨著都市的交通土地取得越來越不容易，於是人類開始有一種構想，讓兩根鐵軌變成一根鐵軌，沒有軌距，以減少鐵路購地的成本。於是世界上最早的單軌構想，在 1821 年德國被提出，就是蒸汽火車行駛在一條運行軌，當然這是不實用的想法。但是單軌的構想，經過實證與改進，全球第一條實用的單軌電車營業線，在 1901 年誕生於德國的烏伯塔市（Wuppertal）的 Schwebebahn，長 13.3 公里，該路線係利用該都市的河道上方的空間構建大眾捷運，既具觀光功能，也無土地的取得問題，一舉數得，但是其為鋼梁與鋼輪

式，並非今日普遍之膠輪式。直到今日運行超過百年，完全無任何傷亡紀錄，是全球最安全的捷運系統。

隨著單軌捷運的成功，單軌蒸汽火車的夢想，就被遺忘於歷史中。然而，在印度德里的鐵道博物館，依然保存德國單軌蒸汽火車（Monorail Steam Locomotive）。1907 年帕蒂亞拉單軌鐵路（Patiala State Monorail Train, PSMT）蒸汽火車，是德國奧倫斯坦和柯佩爾公司（Orenstein & Koppel）所製造，火車另一邊裝的是公路的汽車輪，如果只看單側，與一般火車無異。這條具有實驗性質的鐵道，在 1927 年停用，如今被遺忘的夢想被保存下來，成為全球獨一無二的蒸汽火車。

❷ 單軌的蒸汽火車，如果只看這一側，與一般火車無異。

❸ 單軌的蒸汽火車所使用的單軌軌道，沒有軌距。

世界知名的
FAMOUS STEAM LOCOMOTIVE
蒸汽火車

 英國威爾斯高地蘭貝里斯湖（Llanberis Lake Railway）的可愛小火車，彷彿湯瑪士小火車的培西，真實上演。

第 8 章

❶ JR 東日本 C57180 蒸汽火車,「磐越物語號」,是台鐵 CT270 型同型車。

JAPAN

日本的蒸汽火車

　　日本鐵道自明治維新 1872 年開始,將近一百五十年來,鐵道非常的發達,即使航空興起,汽車發達,日本鐵道的地位就從來沒有沒落過,甚至在二次大戰後,美國唱衰鐵道即將淘汰,日本還發展出新幹線,創造高速鐵路改變了全球鐵道的命運。

❷ 日本真岡鐵道 C1266 蒸汽火車,是台鐵 CK120 型同型車。

　　1975 年,日本鐵路在北海道開出最後一班蒸汽火車,C57135 蒸汽機車全面淘汰之際,大井川鐵道首先提出將蒸汽機車保存營運的構想,領先 JR 與各家鐵道公司,1976 年 7 月 9 日,首次將北海道退役的 C11227 號復駛營

❸ JR 北海道「冬之濕原號」，C11171+C11207 蒸汽火車雪地二重連。

❹ JR 東日本 D51498 蒸汽火車，SL「釜石號」，
是台鐵 DT650 型同型車。

❺ 日本真岡鐵道蒸汽火車，還有相同造型的車
庫，煞是有趣。

運，開創日本保存鐵道之先河，成為日本保存鐵道文化資產的先驅。往後的歲月，日本 JR 各家會社陸續復活蒸汽機車，各種創意話題不斷，成為當今日本鐵道觀光的主力。例如 JR 北海道 C11171＋C11207 行走釧網本線，蒸汽火車雪地二重連；真岡鐵道蒸汽火車還有相同造型的車庫，煞是有趣。

台灣曾經經歷 1895 至 1945 年日本五十年的統治，奠定鐵道現代化的基礎，因此過去台灣鐵道的蒸汽機車，基本上是以日系火車所建立的規模車隊，都是 1067mm 軌距。在 1983 年全數報廢之後，1998 年台鐵才開始復活蒸汽機車，包含當今台鐵復活的 CK101 與 CK124，CT273 與 DT668，都是日本製的蒸汽機車。因此，日本的蒸汽火車，對台灣的民眾而言有很深的情感，不論是在電影、電視上出現或是動態運行，總是汽笛一聲，引燃鄉愁。因此也造成國人對於日本鐵道情有獨鍾，總是喜歡往日本跑，尤其是搭乘

❶ JR九州58654蒸汽火車，SL「人吉號」，是台鐵CT150型同型車。

台鐵型式蒸汽機車，觀光鐵道動態保存的車隊，感受日本蒸汽火車所帶來懷舊氣息。

　　日本將蒸汽機車視為重要的文化資產，因此即使沒有動態保存，也會將重要的蒸汽機車靜態保存在博物館，或是重要的車站展示。因此，國人喜歡去日本逛鐵道博物館看蒸汽機車，或是參觀蒸汽機車的展示。

・日本與台鐵蒸汽機車對照表・	
動態保存	
日本	台鐵
C12型蒸汽機車：C1266、C12164	CK120
C57型蒸汽機車：C571、C57180	CT270
D51型蒸汽機車：D51498、D51200	DT650
8620型蒸汽機車：8630、58654	CK150
日本工業大學的2109號	CK80
博物館明治村12號	日治時期的9號機關車
靜態保存	
國鐵230型	BK20型（保存）
國鐵5600型	BT40型（未保存）
三岐鐵道的E102	CK100型（保存）
國鐵8900型	CT240型（未保存）
國鐵C50型	CT230型（未保存）
國鐵C55型	CT250型（保存）
國鐵9600型	DT580型（未保存）
國鐵4110型	EK900型（未保存）

② 台鐵的 LDK59 是台鐵珍貴 762mm 軌距蒸汽機車，在花蓮後站復駛運行的畫面。

TAIWAN

台灣的蒸汽火車

. B O X .

台灣復駛蒸汽機車年表

• 民國 87 年：台鐵的 CK101，首開先河復駛
• 民國 90 年：台鐵的 CK124，繼踵其後復駛
• 民國 100 年：
　台鐵的 LDK59，建國百年新獻禮
• 民國 100 年：
　台鐵的 DT668，11 月 11 日復駛
• 民國 103 年：
　台鐵的 CT273，6 月 9 日復駛
• 台糖鐵路的蒸汽火車復駛：
　370 號、346 號、650 號
• 阿里山鐵路的蒸汽火車復駛：
　21 號、26 號、31 號、25 號

　　1979 年 7 月起，台鐵的蒸汽機車進入政策性停用的時代，從 1984 年 2 月之後，最後保存的蒸汽機車宣告除役。從這個階段開始，國人想要看蒸汽機車運行的畫面，只能往國外跑，尤其是鄰國的日本，有著與台灣相同的蒸汽機車種類，成為鐵道迷所嚮往的天堂。直到 1998 年，從台鐵 CK101 第一部首開先河，開啟蒸汽火車復駛的新時代，當時轟動國際媒體，整個社會對於蒸汽機車復駛，有很高的評價，在整個社會的氛圍，已經逐漸成熟。

　　2001 年台鐵 CK124 復駛，也就是日本國鐵 C12 型，成為推動觀光的關鍵性角色。往後 2011 年 2 月，台鐵的 LDK59 復活，2011 年 11 月 11 日台鐵的 DT668 復駛，2014 年 6 月 9 日台鐵的 CT 273 復駛。台灣建立起自己蒸汽機車動態保存的車隊。

　　2011 年日本發生 311 大地震之後，台灣各界伸出援手，捐款達到世界第一，這份恩情讓日本全國感動不已。但是礙於台日之間，沒有邦交，所以日本的民

❶ 台鐵的仲夏寶島號，由 DT668 蒸汽機車牽引，帶動了花東地區鐵道觀光的熱潮。

間各界，主動向台灣伸出友誼之手，一時之間蔚為風行。台鐵的蒸汽火車與日本的蒸汽火車，首次締結姐妹車，便是在此一時空環境之下誕生。2014 年 3 月 12 日，台鐵 CK124 與日本 JR 北海道 C11 型締結姐妹車，日本 JR 北海道「冬之濕原號」行走釧網本線，由 C11171＋C11207 蒸汽火車二重連行駛，台灣當天「仲夏寶島號」同步行駛內灣線，由 CK101＋CK124 蒸汽火車二重連行駛。寫下台灣日本蒸汽火車同時發車，歷史性的一頁。

往後台日之間的蒸汽火車國際交流，變成了一種鐵道外交。2017 年 6 月 24 日，JR 西日本 C571 蒸汽機車，與台鐵 CT273 締結姐妹車。兩台同為 C57 型蒸汽機車，台鐵還有多部復活的蒸汽機車，CK124 是日本國鐵 C12 型，DT668 是日本國鐵 D51 型，CT273 是日本國鐵 C57 型，這樣的友誼交流活動，值得繼續推動進行。

❷ 台鐵的 CT273 蒸汽機車，2014 年 6 月 9 日復駛的畫面。

台鐵的仲夏寶島號，每年夏季在花東的運行，也帶動了花東地區鐵道觀光的熱潮。

台鐵的蒸汽機車復駛，影響所及，也帶動台糖鐵路的蒸汽火車復駛，至2022年一共復駛三台762mm軌距鐵道體系蒸汽機車：烏樹林370號、溪湖糖廠346號、蒜頭糖廠650號。甚至也帶動地方產業，自己購買新的蒸汽機車，作為觀光鐵道使用，包含有集集線慶仁號，以及東勢線騰雲號等，雖然這兩台最後停用，也成就台灣鐵道蒸汽火車觀光產業的一頁歷史。

此外，在台灣林鐵的762mm軌距鐵道體系，林務局在1998年著手修復狀況較佳的26號蒸汽機車，1999年配合嘉義市文化局於舉辦「森林鐵道傳奇」活動，台灣第一部Shay蒸汽機車宣告復駛，後續2004年修復31號，2007年修復25號，2022年即將完成修復21號，總數共有四台，台灣阿里山鐵路逐步建立起自己Shay蒸汽機車，動態保存的車隊。尤其阿里山鐵路的文化資產特殊性，贏得台灣九條國際姐妹鐵道的肯定，17號蒸汽機車，也將遠赴斯洛伐克姐妹鐵道動態保存，創下台灣對歐洲輸出蒸汽機車復駛的先例。

❸ 阿里山鐵路修復31號蒸汽機車，行駛於二萬平至神木之間。
❹ 台糖溪湖糖廠346號復駛的畫面，屬於762mm軌距鐵道體系。
❺ 台糖蒜頭糖廠650號復駛的畫面，屬於762mm軌距鐵道體系。

中國的蒸汽火車

1876年，在中國積弱不振的清朝時代，簽訂不平等條約，英國的商人興建上海到吳淞間，窄軌762mm軌距的吳淞鐵路，全長約14.5公里，這無疑是中國第一條鐵路，然而1877年因為輿情反對而遭到拆除。當時的蒸汽機車先驅者號（Pioneer），火車頭也不知去向，但是先驅者號堪稱是中國鐵道史上第一部蒸汽機車。

1881年，在吳淞鐵路停駛多年之後，在英國顧問的指導之下，中國興建從唐山到胥各莊10公里的鐵路通車，也奠定中國鐵道為標準軌距1435mm的基礎，這一次的營運，就沒有重蹈拆除的覆轍，中國的唐胥鐵路誕生，有別於先前窄軌的淞滬鐵路，而列入正史。

1905年，隨著日俄戰爭結束，1906年南滿洲鐵道株式會社成立，整個中國的東北鐵道建設從俄國轉落日本的手中。日本以標準軌距建設東北地區，並修改中東鐵路南支線，長春至旅順的軌距，使其標準軌化。此時「滿州鐵道的蒸汽機關車規則」（滿州鉄道の蒸気機関車規則），無疑的也開啟了中國蒸汽機車編號規則的歷史，並對後來影響極深，這套作業規則，一直到1949年解放，新中國誕生才告一段落。

1909年，由中國鐵道之父詹天佑負責興建，北京到張家口201公里的鐵路營運通車，這是第一條由中國人自行設計完成的鐵路，也是中國第一條山岳鐵路。中國引進當時世界稀有的Shay與先進的Mallet蒸汽機車，與當時全球登山鐵道的科技並駕齊驅。這項鐵路的完成，成為當時中國鐵道的成就與驕傲。

1931年東北爆發918事變，日本人稱之為滿州事

❶ 中國 SY 上游型蒸汽機車，是數目最多的蒸汽機車。

變，日軍藉口攻擊瀋陽並取得整個東北，並扶持偽政權滿州國。此時中國東北的鐵道建設，因為軍事擴張而加快，沿襲滿鐵時代的建設基礎，許多蒸汽機車也急遽成長。最有名的故事，莫過於當時亞洲速度最快的蒸汽火車亞細亞號，成為世界鐵道史上的一頁。

1937 年盧溝橋事變，日本侵華戰爭正式爆發，日本為提高運輸的效率，也引進該國的蒸汽機車，並且改變軌距來到中國占領地行駛，因此之故，中國、台灣、日本而有相同型式的蒸汽機車。如雲南滇越鐵路的 1000mm 軌距 KD55 型，與台鐵 DT580 型，同屬日本 9600 型蒸汽機車，就是海峽兩岸三地共通的蒸汽火車。

1945 年日本戰敗，1949 年新中國誕生，中國鐵道進入穩定建設的新時代，1952 年，中國鐵道部四方機車車輛廠，第一部國產解放型機車的誕生，也是新中國自製蒸汽機車的開始。

1959 年新中國建立一套新的編號規則，而且有能力自製蒸汽機車，這些帶有著強烈的民族意識的蒸汽火車，例如建設型、躍進型、勝利型、人民型、解放型、上游型等等，逐漸躍上國際的舞台。此時，1980 年代，中國不僅有能力出口蒸汽機車到其他國家，甚至將過去的蒸汽機車，送到大英博物館展示，中國 KF 聯盟型蒸汽機車，就是一個實例。

1990 年以後，全球逐步淘汰蒸汽機車之際，中國鐵道仍繼續使用蒸汽機車，尤其是中國的前進型蒸汽機車，車軸最多數目高達五個，登山時產生強大的牽引力！翻山越嶺的大煙，令外國人震懾不已。許多外國人紛紛到中國拍攝鐵道蒸汽之煙，直到 2006 年陸續停用之後，才逐漸平息。儘管如此，仍有不少數目的蒸汽機車被靜態保存於各地，或是留在當地工廠，因應活動不定期行駛。

❷ 雲南滇越鐵路的 KD55 型，屬於 1000mm 軌距，與台鐵 DT580 型，同屬日本 9600 型蒸汽機車，是海峽兩岸三地共通的蒸汽火車。

❸ 雲南的個碧石鐵路的蒸汽機車，屬於 600mm 軌距的吋軌鐵路。

❶ 四川芭石鐵路的 C2 型小火車，屬於 762mm 軌距，是中國鐵道的旅遊勝地。

此外，中國鐵道的蒸汽機車，除了上述 1435mm 標準軌距以外，也有三種類型的窄軌鐵路蒸汽機車，也是不可忽略的重點。例如從昆明到河口，知名的滇越鐵路，即是其中一例。過去東北的森林鐵道、河南的地方鐵路，以及四川的地方鐵路等等，是 762mm 軌距，而工礦專用的 C2 型蒸汽機車，更是赫赫有名。少數地方鐵道，如雲南的個碧石鐵路等，有 600mm 的輕便鐵道蒸汽機車。只是如今這些蒸汽機車，多數已經淘汰。

❷ 中國 QJ 前進型蒸汽機車，是最大型的蒸汽機車。屬於 1435mm 標準軌距。

時至今日，中國蒸汽機車多數已經停用，成為鐵道博物館的一頁歷史，然而中國仍有蒸汽機車，是定期行駛動態保存，成為觀光鐵道的主角。在 1435mm 軌距體系，遼寧省調兵山市的鐵法鐵路作為煤業的專用線，仍有幾部蒸汽機車以觀光旅遊名義在行駛。窄軌 762mm 軌距體系，則以四川芭石鐵路 C2 型嘉陽蒸汽小火車，最負盛名。這兩地的蒸汽機車，堪稱是中國鐵道最後蒸汽機車的保存天堂。

GERMANY

德國的蒸汽火車

德國土地面積約三十五萬七千多平方公里，鐵道卻高達三萬五千九百八十六公里，是歐洲鐵道最為發達的國度。在第二次世界大戰前，1936 年 5 月德國 05 型蒸汽機車，曾創下時速 200.4 公里的世界紀錄，今日在紐倫堡鐵道博物館，還可窺見德國鐵道的科學文明史；在德國首都柏林，則可以見到雙扇形車庫所建立的科技博物館。德國鐵道不論是在蒸汽火車、大眾捷運、高速鐵路、磁浮列車，各類鐵道車輛製造各方面，都是走在世界的科技尖端。

德國第一條鐵路起始於 1835 年，從紐倫堡到福斯之間，德國國鐵 DB 幹線為標準軌 1435mm。從十九世紀，普魯士各個王國的年代，德國的火車等級分類方式，影響全歐洲，德國蒸汽機車的初代分類如下：

S	Schnellzug (EXPRESS) Tender Steam Locomotives
P	PASSENGER Tender Steam Locomotives
G	Goods Tender Steam Locomotives
St. bzw Pt.T	PASSENGER Tank Steam Locomotives
Gt	Goods Tank Steam Locomotives
Z	Zahnrad locomotiven Rack Rail Steam Locomotives
L	Lokalbahn Local Train Steam Locomotives
K	Kleine (Schmalspur) Narrow gauge Steam Locomotives

❸ 德國 Sauschwanzlebahn 觀光鐵道，復駛的 BR50 型蒸汽機車。

❹ 德國 HSB Harzer Schmalspur Bahnen 登山鐵道，是 1000mm 軌距登山鐵道，BR99 型窄軌蒸汽機車。

到了二十世紀德意志帝國年代，威瑪共和以後，德國蒸汽機車的用途分類學，1920 年後重新定義，以 Baureihen BR 重新分類如下：

BR 01–19	EXPRESS Tender Steam Locomotives
BR 20–39	PASSENGER Tender Steam Locomotives
BR 40–59	FREIGHT (Goods) Tender Steam Locomotives
BR 60–79	PASSENGER Tank Steam Locomotives
BR 80–96	FREIGHT (Goods) Tank Steam Locomotives
BR 97	Rack Rail Steam Locomotives
BR 98	Local Train Steam Locomotives
BR 99	Narrow gauge Steam Locomotives

第二次世界大戰，德國的戰爭型蒸汽機車，影響了全歐洲。二戰結束之後，德國分裂成東西德，西德留用蒸汽機車到 1970 年代，東德則延續更久，一直保存許多蒸汽機車，維持運行直到 1990 年德國統一。德國動態保存許多世界知名的蒸汽機車，例如 BR99

❶ 德國 BR52 型蒸汽機車，是二戰時期最有名的戰爭型蒸汽機車。屬於 1435mm 標準軌距。

❷ 德國動態保存許多世界知名的蒸汽機車，
　BR99 型 Mallet 蒸汽機車就是一個重要的
　實例。

❸ 德國柏林公園鐵道，Berliner Parkeisen-
　bahn，是 600mm 軌距蒸汽機車。

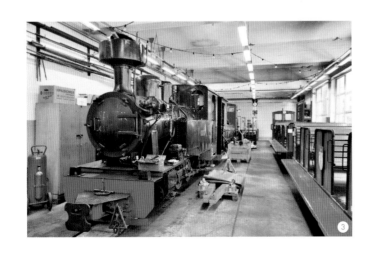

型 Mallet 蒸汽機車，就是一個重要的實例。

　　今日德國有許多知名的保存鐵道，以保存蒸汽火車運行聞名，甚至在冬季以蒸汽火車牽引觀光列車，不勝浪漫。包含在巴伐利亞地區，中部 Harz 丘陵地，西南部靠近瑞士的黑森林（Schwarzwald）等等，鐵道景色都相當美麗。除了標準軌 1435mm 的保存鐵道以外，登山鐵道則是以米軌 1000mm 為主，例如知名的布洛肯登山鐵道。此外，德勒斯登與鄰近捷克的山區，則以薩克森鐵道（Saxonybahn）750mm 的輕便鐵道體系居多，窄軌的蒸汽火車更是賣點之一。德國也有部分 600mm 的 Feldbahn 輕便鐵道，如德國柏林的公園鐵道（Berliner Parkeisenbahn），德國真的是蒸汽火車的天堂。

　　歐洲的蒸汽火車，絕大多數冬季皆不運行，然而，德國卻是例外，尤其是東德的窄軌 99 型蒸汽火車。因此，去德國可以體驗冬季蒸汽火車在大雪紛飛中奔馳的美感，在雪地的鐵道中駐足，留下感動的記憶！

第 ⑧ 章　　世界知名的蒸汽火車
　　　　　　Famous steam locomotive　　　德國的蒸汽火車

WAR
戰爭型蒸汽火車

❶ 德國製造的戰爭型蒸汽機車,遍布歐洲,
　數目最多的 BR52 型。
❷ 日本製造的戰爭型蒸汽機車 D51 型,遍
　布全亞洲也包含台灣,這是 JR 東日本保
　存的 D51498。

　　談到戰爭型蒸汽機車,最成功的實例首推德國。火車與戰爭原本就密不可分,1939 年當時的納粹帝國軍力席捲全歐洲,希特勒靠的就是完善的德國鐵路系統,與強大的蒸汽機關車輸送力,可以將部隊快速送往前線去,大幅提升德國坦克車的作戰半徑,以及裝甲部隊的後勤補給能力。

　　在這個前提下,所謂的戰爭型蒸汽機車就出現了,它是以貨運蒸汽火車的概念去發展的,至少有四個動輪,具備足夠的牽引力,可克服地形的爬坡力。然而,它不同於一般貨運蒸汽火車,它的性能不必多頂尖,但是妥善率與存活率高,即使在戰爭時遭到破壞,也容易就地修復。最重要的是經費緊縮,大幅簡化了製程,減

少了工時，成本便宜，可以在短時間之內大量製造。

戰爭型蒸汽機車德文稱之為 Kriegslok，具代表性者為 BR50 型，生產總數多達 3160 輛、以前者為藍本的簡化版 BR52 型，生產總數多達 6719 輛，以前者為藍本的放大版 BR42 型，生產總數達 935 輛，三款的總數超過一萬輛，幾乎占了全球的一半以上。除了上述三款的德國戰爭型蒸汽機車之外，世界知名的戰爭型蒸汽機車，還有英國製造的戰爭型蒸汽機車，LMS Stanier Class 8F 型共製造 852 輛，以前者為藍本的簡化版，戰爭部門緊縮版 WD Austerity 2–8–0 型製造 935 輛。

美國為了援助英國的中東戰場，通過租借法案，製造的戰爭型蒸汽機車 USATC S160 型共 2120 輛，以前者為藍本的放大版 USATC S200 Class 型共製造 200 輛。遠東地區戰事，日本製造的戰爭型蒸汽機車，

❸ 美國製造的戰爭型蒸汽機車 USATC S160 Class 型，戰後保存於土耳其，成為 TCDD 45171 class。

❹ 美國製造的戰爭型蒸汽機車 USATC S200 Class 型，戰後保存於土耳其，成為 TCDD 46201 class。

德國製造的戰爭型蒸汽機車，傳奇經典的
BR50 型。

D51 型共 1115 輛等等，遍布全亞洲，也包含台灣，
都是在第二次世界大戰時期出生入死，立下很大的汗
馬功勞。

　　然而在戰場上，火車再怎麼強大，終究是有天敵
的，那就是飛機，戰爭型蒸汽機車，成為空中武力擊
殺的對象。1944 年諾曼第登陸之後，德國鐵路系統的
完善輸送力，逐步被盟軍的空優打破。例如英國皇家
空軍的颱風式戰機（Typhoon），號稱 Railway killer，配
備機砲專門擊殺德國蒸汽火車，二戰結束前還開發出
更為強大暴風式戰機（Tempest），配備火力強大的攻
地火箭，火力從天而降，足以炸毀列車，德國在強大
Typhoon 與 Tempest 的空優火力之下，1945 年盟軍突
破萊茵河防線，導致納粹帝國滅亡。而德國鐵道列車
砲反擊的故事，更是二戰最後永恆的絕唱。

　　二戰結束之後，戰爭不再，這些戰爭型蒸汽機
車，殘破不堪的就成為廢鐵解體，如果火車情況堪用，
就變成戰後各國經濟復甦運輸的工具。而德國戰爭型
蒸汽機車，BR52 型蒸汽機車因為堅固耐用，成為各

❷ 英國製造的戰爭型蒸汽機車 LMS Stanier Class 8F 型，戰後保存於土耳其，成為 TCDD 45101 class。

國最佳的戰利品。例如前蘇聯、東德、奧地利、匈牙利、波蘭、捷克斯洛伐克、羅馬尼亞、土耳其，前南斯拉夫等諸國，幾乎在東歐各國隨處可見。而英國 WD Austerity 與美國 USATC 的戰爭型車隊，則成為聯合國救濟總署援助各國的資源。過去二十年，為了尋找這些蒸汽機車的下落，成了我環遊世界各地去研究調查，最深層的記憶。

• 世界經典的戰爭型蒸汽機車 •

國別	蒸汽機車種類	華式分類	UIC 分類	總數量	軌距
德國	BR50 型	2-10-0	1' E h2	3160 輛	1435mm
德國	BR52 型	2-10-0	1' E h2	6919 輛	1435mm
德國	BR42 型	2-10-0	1' E h2	935 輛	1435mm
英國	LMS Stanier Class 8F 型	2-8-0	1' D h2	852 輛	1435mm
英國	WD Austerity 2-8-0 型	2-8-0	1' D h2	935 輛	1435mm
美國	USATC Class S160 型	2-8-0	1' D h2	2120 輛	1435mm
美國	USATC Class S200 型	2-8-2	1' D1' h2	200 輛	1435mm
日本	JR D51 型	2-8-2	1' D1' h2	1115 輛	1067mm

英國的蒸汽火車

　　英國是世界鐵道的發源地，西元 1825 年從斯托克頓到達靈頓，世界第一條公共運輸鐵路在英國誕生，推動全球的工業革命與鐵道文明。1829 年喬治•史蒂芬生創造了火箭號，蒸汽機車生產進入實用化階段。1930 年英國從曼徹斯特到利物浦的鐵路，第一條標準軌的鐵道通車，至今大多數歐洲國家使用標準軌距 1435mm，火車可以穿越國境互通。1863 年，世界最古老的地鐵（Underground）在英國倫敦誕生，十九世紀的英國，鐵道始終居於領先地位。

　　到了二十世紀，在二次大戰之前，英國的 LNER A3 飛行的蘇格蘭人號（Flying Scotsman）4472 以

❶ 創下世界速度最快紀錄的 LNER A4 class，4472 Mallard 號，保存於英國的約克鐵道博物館。

100mph，也就是時速 160 公里，用蒸汽機車來牽引。這也是人類史上以蒸汽機車，達到商用化營運的最快紀錄，英國成為全球鐵路營運速度最快的國度。在二次大戰前夕，1938 年 7 月 3 日，英國 LNER A4 Mallard 4468 蒸汽機車，以時速 202.8 公里創造世界最快的蒸汽火車紀錄，今日仍然保存在約克鐵道博物館，英國的鐵道仍具有領先地位。而殖民時代的大英帝國，也將它的鐵道科技傳送到世界各地，影響全世界，直到二次大戰結束為止。二次大戰結束之後，英國鐵道逐漸沒落，蒸汽機車也快速的消失，1960 年 3 月，英國最後生產的一部蒸汽機車 Evening Star 92200，保存在約克鐵道博物館。

此外，關於英國的蒸汽火車，眾所周知的英國湯瑪士小火車（Thomas & friends steam team），故事創作的靈感，就是起源於威爾斯的輕便鐵道蒸汽火車，這裡是全球窄軌蒸汽小火車的保存勝地。而威爾斯高地的費斯汀尼鐵路，1836 年通車，除了礦場鐵道外，是世界上最早的窄軌運輸鐵路。英國還有許多有趣的窄軌系統，包含 800mm、762mm、610mm、604mm、600mm、597mm 等軌距，相當複雜，這些軌距也流傳到許多國家，包含台灣最熟悉的 762mm 軌距五分車，也是來自英國的威爾斯。

今日英國的蒸汽火車最為人稱道的是，有許多鐵道文化資產保存與蒸汽火車復駛，活躍於全英國各

❶ 第二次世界大戰之前，世界營運速度最快的蒸汽機車，飛行的蘇格蘭人號（Flying Scotsman）。★

❶ Evening Star 92200 是英國最後生產的蒸汽機車，具有特別的地位。★

地，並成為全球鐵道電影與文學創作的發源地。英國威爾斯的史諾頓登山鐵道，為 800mm 軌距的齒軌鐵道，蒸汽火車將車廂推到海拔 1065m 的山頂，是英國最陡的登山鐵路。而哈利波特電影中出現的霍格華茲列車，蒸汽火車的原型就是英國 GWR 4900 Class 的 5972 Olton Hall，從此紅遍了全世界。而霍格華茲列車的行駛路線，就是蘇格蘭高地的 The Jacobite，蒸汽火車搭配蘇格蘭高地特有的風光，通過格蘭芬蘭石拱橋（Glenfinnan Viaduct）的場景，讓英國的鐵道風光，那樣地有聲有色。

❶ 英國威爾斯高地的小火車，是全球窄軌蒸汽小火車的保存勝地。

❷ 哈利波特的霍格華茲列車，英國 GWR 4900 Class 的 5972 Olton Hall。

THOMAS & FRIENDS

湯瑪士蒸汽火車

③ 湯瑪士小火車的電影，一開始都是用模型去拍攝的，這是 1/76 比例的火車模型，栩栩如生。★

④ 澳大利亞火車庫裡的湯瑪士小火車，除非特殊節日，不輕易露臉。

眾所周知的英國湯瑪士小火車，原名湯瑪士水櫃式火車與他的朋友們（Thomas the Tank Engine & Friends），是許多小孩子成長過程，認識火車的精神食糧，尤其湯瑪士小火車的電影，一開始都是用火車模型去拍攝的，讓多少小孩子從此看了愛不釋手，湯瑪士火車成為小孩子必備的玩具。

湯瑪士小火車原作者為威爾伯特‧艾屈萊（Wilbert Vere Awdry）牧師，與他兒子克里斯多福‧艾屈萊（Christopher Awdry）共同創作的《鐵路系列》（The Railway Series）書籍。透過火車頭加上人臉的擬人化，講述一群在虛構島嶼「多多島」（Island of Sodor），鐵路車輛精采的冒險經歷。一開始原本威爾伯特牧師的創作，是為他從麻疹中復原的兒子克里斯多福所講的故事。後來，父子合力創作，成為暢銷全球的《鐵路系列》書籍，甚至變成了全球最有趣的電視影集。

基本上認識英國湯瑪士小火車的人，不難去理解每台火車都有它的名字、個性，以及車輪組態。因為

威爾伯特牧師本身就是個鐵道迷，所以他把英國鐵路公司蒸汽火車的日常，真實狀況會發生的事情，透過趣味的故事鋪陳，變得有聲有色。後來，湯瑪士小火車流行到全世界，世界各國許多蒸汽火車加上人臉，也都儘量尊重原創者的火車顏色，與車輪組態，其表如下：

❶ 日本的富士急樂園，有湯瑪士小火車的主題樂園。

❷ 日本的富士急樂園，可以載人運行的湯瑪士小火車，6 號培西。

·湯瑪士和他的朋友蒸汽火車車輪組態一覽表·	
名字	車輪組態
湯瑪士 Thomas(Number 1)	0-6-0T
愛德華 Edward(Number 2)	4-4-0
亨利 Henry(Number 3)	4-6-0
高登 Gordon (Number 4)	4-6-2
詹姆士 James(Number 5)	2-6-0
培西 Percy(Number 6)	0-4-0 ST
托比 Toby(Number 7)	0-6-0 Tram
達克 Duck(Number 8)	0-6-0 PT
唐納德 Donald(Number 9)	0-6-0
道格拉斯 Douglas(Number 10)	0-6-0
奧利佛 Oliver(Number 11)	0-4-2 T
愛蜜莉 Emily(Number 12)	4-2-2
查理 Charlie	0-6-0 ST
史丹利 Stanley	0-6-0 ST
羅絲 Rosie	0-6-0 T
亞瑟 Arthur	2-6-2T
CITY OF TRURO	4-4-0
Hiro	2-8-2
Murdoch	2-10-0
Nia	2-6-2 T
雷尼斯 Rheneas	0-4-0 T
Skarloey	0-4-2 ST
史賓賽 Spencer	4-6-2
Stepney	0-6-0T
維多 Victor	0-4-0 ST
Bill and Ben	0-4-0 ST

「威爾斯高地的窄軌鐵道傳奇」是一個非營利 NGO 組織，該組織鐵路的軌距很多，包含 800mm、762mm、686mm、610mm、603mm、597mm、311mm 等軌距，這些軌距流傳到許多國家。這些鐵路以費斯汀尼鐵路於 1836 年開業最為古老，為全球輕便鐵道之鼻祖，而以泰爾依鐵道 1951 年轉型為先鋒，為全球第一個志工運作的鐵道，「威爾斯的窄軌鐵道」的發展，影響全球輕便鐵道的保存與發展。其中 Welshpool and Llanfair Light Railway，還跟台灣的阿里山鐵路締結姐妹鐵道呢！

鐵道路線	軌距
Ffestiniog Railway	597mm
Welsh Highland Railway	597mm
Welsh Highland Heritage Railway	597mm
Llanberis Lake Railway	597mm
Brecon Mountain Railway	603mm
Vale of Rheidol Railway	603mm
Bala Lake Railway	610mm
Talyllyn Railway	686mm
Welshpool and Llanfair Light Railway	762mm
Snowdon Mountain Railway	800mm
Fairbourne Railway	311mm

　　儘管知道多多島是個虛構的地方，不過閱讀過英國湯瑪士小火車的朋友，來到英國搭蒸汽火車，會發現許多元素真的很像，許多火車都可以找到原型，尤其是在英國威爾斯這個地方，例如湯瑪士小火車的 Rheneas，源自泰爾依鐵道的 Goldoch。威爾伯特牧師故事創作的靈感，起源於威爾斯的輕便鐵道，因為他於 1952 年，在英國威爾斯泰爾依這條保存鐵道擔任志工，在他 1997 年過世之後，泰爾依鐵道還特別保存了他的書房，讓全世界的鐵道迷來這裡懷念他。因此，想深度了解英國湯瑪士小火車的朋友，還真的得認真去理解英國威爾斯的小火車（The Great little trains of Wales）這個組織的鐵路。

❸ 英國威爾斯高地 Llanberis Lake Railway，彷彿湯瑪士的培西，真實上演。

❹ 湯瑪士小火車的 Rheneas，源自英國威爾斯 Talyllyn Railway 的 Goldoch。

其他各國的蒸汽火車

① 西班牙的蒸汽火車扇形車庫，鐵道是 1668mm 軌距的寬軌國度，風格獨具一格。

　　以上針對台灣、日本、中國，德國與英國的蒸汽火車，有較多的描述，其實世界上許多國家，也有相當多蒸汽火車成為文化資產，並奔馳於觀光鐵道上，例如世界文化遺產，印度大吉嶺喜馬拉雅鐵路（Darjeering Himalayan Railway）的 Toy Train，是印度最有名的蒸汽火車。美國鐵道為了翻山越嶺，是許多 Mallet 蒸汽火車的大本營，在美國的森林鐵道，Shay Geared steam locomotive，是美國最有特色的蒸汽火車。

② 印度 Darjeering Himalayan Railway 的 Toy Train，是印度最有名的蒸汽火車。

國家	鐵道路線	國家	鐵道路線
印度	DHR 大吉嶺喜馬拉雅鐵道， 1999 年世界文化遺產	荷蘭	蒸汽火車之旅 Hoorn Railway
印度	NMR 登山鐵道， 2005 年世界文化遺產	波蘭	波茲南的蒸汽火車之旅 Poznan Railway
印度	KSR 登山鐵道， 2008 年世界文化遺產	美國	羅林紅杉公園的森林鐵道 Roaring Camp Narrow Gauge Railroad
瑞士	布里恩茲羅特洪登山鐵道 Brienz Rothorn Bahn/BRB	美國	優勝美地國家公園森林鐵道 Yosemite Mountain Sugar Pine Railroad
瑞士	布羅尼仙碧森林鐵道 Chemin de Fer-Musée Blonay-Chamby	美國	喬治城廻圈森林鐵路 Georgetown Loop Railroad
瑞士	福卡隘口的蒸汽火車 Dampfbahn Furka-Bergstrecke/DFB	美國	蓋斯鎮景觀鐵路 Cass Scenic Railroad
奧地利	阿亨湖登山蒸汽火車 Achenseebahn	美國	華盛頓山齒軌登山鐵路 Mount Washington Railway
奧地利	齊樂陶蒸汽火車 Zillertalbahn	美國	杜蘭哥窄軌登山鐵路 Durango & Silverton Narrow Gauge Railroad
奧地利	薩夫堡登山鐵道 Schafbergbahn	澳大利亞	普芬比利森林鐵路 Puffing Billy Railway
奧地利	史尼堡登山鐵道 Schneebergbahn	澳大利亞	藍山國家公園的之字形鐵路 The Great Zig Zag Railway
斯洛伐克	切尼赫榮森林鐵路 Cierny Hron Forest Railway	澳大利亞	塔斯馬尼亞島上的齒軌登山鐵道 West Coast Wilderness Railway
匈牙利	兒童鐵路 Gyermekvasút		

❸ 美國的 Shay Geared steam locomotive，是美國最有特色的
蒸汽火車。★

❹ 美國鐵道為了翻山越嶺，是 Mallet 蒸汽火車的大本營。★

MOVIE

電影中的蒸汽火車

　　談到電影中的蒸汽火車世界，從古到今，不論中外，這是一個永遠數不盡，說不完的話題。

　　以台灣的電影來說，比較經典的電影《密密相思林》有阿里山鐵道 Shay 蒸汽火車，《春寒》有太平山的羅東林鐵蒸汽火車；電影《末代皇帝》與《一代宗

❶ 阿里山鐵路的 Shay 蒸汽火車，也在台灣多部的電影中出現，《密密相思林》電影堪稱是代表。

❷ 德國的 BR52 型蒸汽火車，在電影辛德勒的名單中擔任運送猶太人的要角，幾乎歐洲的二戰電影，BR52 型每役必與。

師》，出現遼寧省調兵山的蒸汽火車。蒸汽火車成為古老的時代劇，不可或缺的元素，只是出現的比重多寡而已。如果是國外的電影，出現蒸汽火車那就更多了，比較經典的電影有以下幾部：

• 與蒸汽火車相關的經典電影列表 •	
電影名稱	出現的蒸汽火車
奇瓦哥醫生	西伯利亞鐵路蒸汽火車。
心靈勇者	泰緬鐵路 C56 型蒸汽火車與英國蒸汽火車。
哈利波特	英國的 GWR 4900 Class 蒸汽火車。
北極特快車	美國的 Berkshire type 蒸汽火車。
東方快車謀殺案 2017	法國的 SNCF 241.P 蒸汽火車。
辛德勒的名單	德國的 BR52 型蒸汽火車。
鐵道員	JR 東日本的 D51498 蒸汽火車。
佐賀的阿嬤	出現日本的大井川鐵道蒸汽火車。
澳大利亞	塔斯馬尼亞島上的齒軌登山鐵道 West Coast Wilderness Railway。

❸ 德國的 P8 型蒸汽火車，在 1964 年 The Train 電影中，令人印象深刻！

❶ 日本的 D51498 蒸汽火車,在日本電影《鐵道員》中序幕開場,
佐藤乙松拉動汽笛,響徹雲霄,感人肺腑!

除了以上的電影，以下有幾部蒸汽火車與戰爭有關的電影，值得推薦一看。

1. 1964 年《戰鬥列車》(The Train)

電影中最知名的片段，就是德國蒸汽火車 P8，與英國噴火式戰鬥機（spitfire）的生死之戰。火車被英國戰機掃射，加速躲入山洞逃過一劫，又趕緊在山洞出口前停車，成為電影中最經典的畫面。不過噴火式對地火力嫌弱，這畫面若是換成颱風式或暴風式戰機，配備攻地火箭，結局情況恐怕不樂觀。

2. 2012 年《紅色尾翼》(Red Tails)

電影中最知名的片段，就是德國蒸汽火車 BR52 牽引列車，遭遇美國 P-40 戰鬥機的空襲，列車以機砲反擊，卻遭遇 P-40 戰鬥機用機砲將全列車炸毀的畫面。不過，電影內容不合科學，因為蒸汽火車的鍋爐儲存的是水蒸汽，並不是揮發性燃油（如汽油），所以即使被子彈打穿，子彈遇到水蒸汽並不會爆炸，最多是打到鍋爐損壞，水箱破洞，煙管漏氣而無法運轉，不過鍋爐的鋼鈑厚度很厚，飛機的子彈並不容易打穿，必須用機砲與火箭才能有效破壞。

3. 2012 年《獨行俠》(The Lone Ranger)

這部電影以美國的蒸汽火車為主角，西部拓荒史為歷史背景，蒸汽火車駕駛與騎馬者的槍戰是電影的高潮。2012 年強尼戴普重新詮釋，知名的主題音樂重現，精采萬分！

❷ 電影《鐵道員》的海報，陳列於 JR 北海道幌舞站。

世界鐵道大探索 01

世界的蒸汽火車：
200 年火車分類學
300 輛蒸汽機車全圖鑑

作者 蘇昭旭

社　　　長	陳蕙慧
副 總 編 輯	陳怡璇
特 約 主 編	胡儀芬
責 任 編 輯	胡儀芬
美 術 設 計	Dot SRT 蔡尚儒
繪　　　圖	張宗乾（P18-20、P21 下、P28、P30）、蘇昭旭（P30、P169、P200 右上）
行 銷 企 畫	陳雅雯、余一霞

讀書共和國 集 團 社 長	郭重興
發 行 人	曾大福
出 版	木馬文化事業股份有限公司
發 行	遠足文化事業股份有限公司
地 址	231 新北市新店區民權路 108-4 號 8 樓
電 話	02-2218-1417
傳 真	02-8667-1065
E m a i l	service@bookrep.com.tw
郵 撥 帳 號	19588272 木馬文化事業股份有限公司
客 服 專 線	0800-2210-29
印 刷	呈靖彩藝有限公司

2022（民 111）年 6 月初版一刷
2023（民 112）年 1 月初版二刷 定價 650 元

ISBN 978-626-314-204-6
ISBN 978-626-314-215-2（PDF）
ISBN 978-626-314-214-5（EPUB）

世界的蒸汽火車：200 年火車分類學 300 輛蒸汽機車全圖鑑＝ Steam locomotive worldwide ／
蘇昭旭著．初版．新北市：木馬文化事業股份有限公司出版：遠足文化事業股份有限公司發行，
民 111.06．面；公分．──（世界鐵道大探索；1）
ISBN 978-626-314-204-6(平裝)

1.CST: 鐵路史 2.CST: 火車

557.26　　　　　　　　　　　　　　　　　　　　　　111007483